UN GRAND

# WEEK-END

# ÉDIMBOURG

# ÉDIMBOURG

Vous rêvez de lieux insolites ? *Let's go to Edinburgh*, une ville qui a le don de surprendre tant elle conjugue les contraires ! Diaboliquement photogénique, pleine de montées et de descentes, l'ancienne capitale des rois d'Écosse juxtapose sa cité médiévale et sa ville georgienne sur fond de jardins exquis et de vues sur la mer du Nord. Inscrite au Patrimoine de l'humanité, la petite lady cosmopolite et intello, pétrie de traditions et débordante d'énergie, a tout d'une grande !

# L'ÉQUIPE UN GRAND WEEK-END

Lorsqu'elle n'est pas sur scène, Natasha Penot, notre auteur, arpente les rues des plus grandes villes pour la collection *Un Grand Week-End*. Amoureuse d'Édimbourg, elle nous entraîne dans les ruelles d'Old Town et nous livre ses adresses fétiches, entre échoppes irrésistibles et coffee-shops gourmands, galeries d'art et musées de haute volée, cimetières pittoresques et maisons hantées...

Yoann Stoeckel a réalisé les images du guide. La seule évocation d'Édimbourg lui donnait à rêver. En arrivant, une envie de marcher longuement dans les rues lui a permis de prendre la mesure du sens de l'histoire à Édimbourg. Les ruelles de la ville haute perdue dans le brouillard, le whisky et la découverte culinaire inattendue mais délicieuse du fameux haggis lui laissent un excellent souvenir.

## *Un Grand Week-end à Édimbourg* sur les réseaux sociaux

Retrouvez-nous sur Facebook, Twitter et Instagram @Ungrandweekend ! Nous partageons au fil des jours les toutes dernières adresses, nos photos coups de cœur, les événements à ne pas manquer, les trucs et astuces qu'il faut connaître, et surtout nous répondons à toutes vos questions.

Avec *Un Grand Week-end*, vous ne voyagerez plus jamais seul...

www.facebook.com/guidesUnGrandWeekend

# Les incontournables D'ÉDIMBOURG

## EDINBURGH CASTLE

Nº 1 au *top ten* des châteaux les plus visités d'Écosse, la vénérable forteresse vous réserve, du haut de son rocher, quelques joyaux du Moyen Âge, de sombres geôles et des vues panoramiques sur la ville. Ne ratez pas le coup de canon de 13h ! Voir p. 23.

## ST GILES CATHEDRAL

Encore des vieilles pierres ? Oui, mais cette église presbytérienne que l'on appelle aussi High Kirk conserve une flamboyante chapelle dédiée à l'ordre du Chardon et une tour coiffée d'une couronne. Pour la voir de plus près, suivez le *Roof Top Tour* ! Voir p. 32.

## GEORGIAN HOUSE

Cette demeure georgienne, aussi élégante que classique, est une vraie machine à remonter le temps : à peine entré, on se retrouve propulsé dans l'univers feutré de la haute bourgeoisie de New Town. Un témoignage éloquent du « chic » au XVIII$^{e}$ s. Voir p. 61.

## PALACE OF HOLYROODHOUSE

C'est la résidence officielle de la reine en Écosse, et lorsque celle-ci n'y séjourne pas, elle est ouverte au public. Profitez-en ! Intrigues royales, meurtres cruels ou fêtes somptueuses, le luxueux palais est moins grand que Buckingham mais tout aussi chargé d'histoire. Voir p. 43.

## NATIONAL MUSEUM OF SCOTLAND

Au Musée national d'Écosse, vous pourrez découvrir tout ce que vous avez toujours voulu savoir sur l'Écosse... et dans bien d'autres domaines car il y en a pour tous les goûts : sciences naturelles, design, mode, technologie, etc. Le petit plus ? Il est gratuit. Voir p. 52.

## SCOTTISH NATIONAL GALLERY

Un musée entièrement dédié aux beaux-arts, qui expose plusieurs chefs-d'œuvre de la peinture européenne. Des madones à fond d'or aux *Oliviers* de Van Gogh en passant par les marines pleines d'embruns des paysagistes écossais, on ne boude pas son plaisir ! Voir p. 56.

## ROYAL BOTANIC GARDEN

Offrez-vous un bon bol d'air, en compagnie des écureuils, dans l'un des plus charmants jardins d'Écosse : ses allées colorées et parfumées sont un émerveillement qui se renouvelle à chaque saison ! Au bout de la balade : un joli point de vue sur la capitale. Voir p. 79.

## SCOTTISH NATIONAL PORTRAIT GALLERY

Une formidable collection de portraits de toutes les gloires de l'Écosse. Des comtesses en diadème et des ducs en perruque, mais pas seulement : on y voit Sean Connery, Ewan McGregor... Bref, un véritable album de famille, à feuilleter sans modération : c'est gratuit ! Voir p. 65.

## ROYAL YACHT *BRITANNIA*

Quarante années durant, ce yacht a navigué sur toutes les mers du globe au service de Sa Majesté. N'hésitez pas à monter à bord, comme Frank Sinatra ou Elizabeth Taylor : de la salle des machines à la salle à manger, on y respire encore le parfum des années 1950. Voir p. 83.

## HOLYROOD PARK

Généreux concentré d'oxygène et d'herbe grasse, le parc de Holyrood est un vrai coin de nature sauvage à deux pas du palais de la reine. Gravissez-le : vous y croiserez des hérons, des oies, trois petits lacs et de nombreux promeneurs venus admirer le paysage. Voir p. 46.

# 10 expériences UNIQUES

## GRIMPER SUR LES TOITS...

... de l'Outlook Tower (p. 30) ou du Scott Monument (p. 59), et en prendre plein les yeux !

## PLONGER DANS LES SOMBRES LÉGENDES D'OLD TOWN...

... et débusquer les fantômes de South Bridge (p. 54), de Mary King's Close (p. 34) et du cimetière de Greyfriars (p. 49). Sans oublier de verser une larme pour le petit chien Bobby (p. 49). Voir aussi p. 40-41.

## BUTINER DANS LES BOUTIQUES ATYPIQUES DE BROUGHTON ST.

... et craquer pour un tweed customisé par Joey D ou pour un foulard en soie d'Helen Ruth (p. 165). Ou faire l'inventaire des cent rayons de Jenners, l'« Harrods du Nord » (p. 59).

## DISPUTER UNE PARTIE DE JEU DE QUILLES...

... dans l'un des plus vieux pubs d'Écosse, The Sheep Heid Inn (p. 47), le dernier à avoir conservé sa piste de « bowling rétro ». *Let's play skittles !*

## ABREUVER SES OREILLES DE FOLK...

... mais de folk authentique ! Chez Sandy Bell's (p. 123) ou au Royal Oak (p. 128), où les clients se mêlent dans un joyeux fouillis à la crème des musiciens locaux... pour le prix d'une pinte !

## DÉCOUVRIR ÉDIMBOURG CÔTÉ ÉTUDIANT

Vers le campus de George Square, Old College (p. 55) et les résidences de Pollock's Hall. Grignoter des bagels au Elephant House (p. 54), siroter une *ale* au Brass Monkey (p. 126) et courir à la Dovecot Gallery (p. 55) pour voir les œuvres de Peter Thomson, John Kirkwood et Beagles & Ramsay.

## FAIRE L'ASCENSION D'UN VOLCAN ÉTEINT EN PLEIN CŒUR DE LA VILLE...

... entre lochs et bruyère, dans Holyrood Park (p. 46), et se croire dans les Highlands ! Ou gravir Calton Hill jusqu'au National Monument et s'imaginer sur l'Acropole (p. 70).

## ADMIRER LES AQUARELLES DE TURNER SOUS LA LUMIÈRE HIVERNALE

Trente-huit merveilles du maître paysagiste sont exposées chaque année en janvier sous les verrières de la Scottish National Gallery (p. 56). Un souhait du donateur, respecté depuis 1900 !

## MARCHER SUR LES PAS DE GRANDS HÉROS DE LA LITTÉRATURE

Harry Potter, Dr Jekyll et M. Hyde, Sherlock Holmes, Peter Pan, l'inspecteur Rebus ou Mark Renton, héros de *Trainspotting*, tous nés à Édimbourg. Voir aussi p. 88-89.

## S'OFFRIR UNE LEÇON PUR MALT...

... au Scotch Whisky Experience (p. 29). Histoire de pouvoir déchiffrer en expert la carte de 300 breuvages du bien nommé pub Whiski (p. 122) !

# Un grand week-end SUR MESURE

## Première fois à Édimbourg ?

**Suivez notre programme pour ne rien rater des incontournables d'Édimbourg... Le guide compte treize quartiers répartis dans toute la ville. Évidemment, en trois jours, vous ne pourrez pas faire toutes ces balades. À vous de voir si vous voulez remplacer telle visite par une autre en fonction de vos centres d'intérêt.**

### PREMIER JOUR

➥ On prend ses repères à Edinburgh Castle (p. 23), au panorama imprenable sur la ville, avant de fouler le légendaire Royal Mile (p. 28-39) et de visiter St Giles Cathedral (p. 32). Puis on pousse la porte du Museum of Edinburgh pour se faire une idée de l'histoire de la ville (p. 37).

➥ Scotché par l'architecture du Scottish Parliament (p. 45), on s'invite chez la reine au Palace of Holyroodhouse (p. 43).

➥ La grille est fermée ? Hissez-vous au sommet d'Arthur's Seat (p. 46).

➥ On file ensuite dire « *hello* » à Dolly (mais si, le premier animal cloné !) au National Museum of Scotland (attention, les trésors qu'il abrite peuvent vous accaparer longtemps, p. 52).

➥ *By night, Ghost tour* pour les plus courageux (p. 186)...

### DEUXIÈME JOUR

➥ On avale son *Scottish breakfast* sur les docks de Leith avant de s'évader à bord du Royal Yacht *Britannia* (p. 83).

➥ Retour sur Princes St. pour flâner dans Princes Street Gardens (p. 58), avec la *skyline* sublime d'Old Town en arrière-plan.

➥ Puis travelling sur les chefs-d'œuvre de la peinture occidentale à la Scottish National Gallery (p. 56), et lèche-vitrines du côté de George St.

(p. 63) entre enseignes glamour et monuments georgiens.

➡ La cerise sur le gâteau ? La luxueuse Georgian House (p. 61).

➡ On finit en beauté sur les hauteurs de Calton Hill (p. 68-71) au coucher du soleil : la ville et le Firth of Four sont à vos pieds. Spectaculaire !

## TROISIÈME JOUR

➡ Petit déj' sur Grassmarket (p. 48-51) et virée dans le cimetière de Greyfriars (p. 49).

➡ Après avoir écumé les boutiques branchées de Stockbridge (p. 78-81) et jeté un œil sur Glenogle Rd (p. 80) et ses charmantes maisonnettes, pause grandiose au Royal Botanic Garden (p. 79).

➡ Remontez vers New Town pour feuilleter l'album de famille de la Scottish National Portrait Gallery (p. 65) et prendre l'apéritif du côté de Broughton St. (p. 71).

## NOS CONSEILS DE VISITE

➡ Le premier jour de visite est chargé. Si vous ne pouvez pas monter jusqu'à Arthur's Seat faute de temps, prenez un moment pour vous promener dans Holyrood Park : le St Margaret's Loch et les ruines d'une petite chapelle ne sont qu'à 15 min de marche du palais.

➡ N'hésitez pas à réserver vos billets en ligne pour le Edinburgh Castle, le Palace of Holyroodhouse et le Royal Yacht *Britannia* (voir p. 21).

# Déjà venu ?

**Vous connaissez déjà les incontournables d'Édimbourg ? Refaites le tour de la ville en sortant des sentiers battus : il vous reste encore beaucoup à explorer.**

## PREMIER JOUR

➡ Le Royal Mile ne vous a pas révélé tous ses secrets : faufilez-vous dans les petits passages d'Old Town *(closes)* et suivez le nouveau *Roof Top Tour* de St Giles Cathedral (p. 32). Après une halte à la maison de John Knox (p. 35), descendez Canongate pour visiter le Parlement écossais (p. 45). On peut même y déjeuner !
➡ Remontez ensuite par Holyrood Rd vers le quartier de l'Université : une collection étonnante vous attend au Surgeons' Hall Museums (p. 55). Même si vous avez déjà arpenté le National Museum of Scotland, consacrez-lui un moment : de nouvelles sections ont ouvert leurs portes au public en 2016 (p. 52).

## DEUXIÈME JOUR

➡ Après la vieille ville, place à la New Town ! Flânez dans ses rues les plus intimes comme Thistle St. (p. 159-160), jalonnée de jolies boutiques, et poussez jusqu'à Moray Pl. et Randolph Crescent, parfaits exemples de l'urbanisme des années 1820 (p. 63).
➡ Descendez ensuite Belford Rd pour rallier, au bord de la rivière, l'adorable Dean Village (p. 76).

De là, une petite côte vous sépare des Modern 1 et Modern 2, dotés d'un sympathique café. Après une visite au Dean Cemetery (p. 77), remontez vers New Town en faisant un crochet par William et Stafford St. (p. 77).

## TROISIÈME JOUR

➡ Balade autour de Calton Hill via Royal Terrace et le Burns Monument (p. 69), puis séquence lèche-vitrines et déjeuner sur Broughton St. (p. 71).

➡ Dans l'après-midi, cap sur Leith (vous trouverez un arrêt du bus n° 22 sur Elm Row) pour flâner sur The Shore (p. 85) et jeter un œil sur le « nouveau » quartier autour de Victoria Quay (p. 86), le gouvernement d'Écosse.

➡ Retour dans Old Town pour une soirée à Grassmarket (au Sandy Bell's, p. 123).

# Fêtes & FESTIVALS

## Janvier

**Loony Dook**
Le 1er janvier, des milliers de personnes se baignent dans le Firth of Four, à South Queensferry Beach.
**www.edinburghshogmanay.com**

**Burns Night**
Le 25 janvier, les Écossais se réunissent autour d'un dîner pour célébrer la naissance du poète national Robert Burns : haggis, whisky, chants et danse au menu !

**Turner Watercolours**
Les aquarelles de Turner de la donation Vaughan sont exposées en janvier à la Scottish National Gallery.
**www.nationalgalleries.org**

## Février

**Tournoi des Six Nations**
De février à mi-mars, le Murrayfield Stadium accueille plusieurs matchs du célèbre tournoi de rugby.
**www.scottishrugby.org**

## Mars

**Ceilidh Culture**
De mi-mars à mi-avril, ce festival met à l'honneur les arts traditionnels écossais dans les pubs, musées et églises : musique, chant, danse, poésie, contes…
**www.ceilidhculture.co.uk**

**Edinburgh International Science Festival**
Pendant deux semaines (fin mars-début avr.), le festival de science égrène expos, démonstrations, expériences et visites guidées aux quatre coins de la ville.
**www.sciencefestival.co.uk**

## Avril

**Edinburgh International Harp Festival**
Cinq jours de concerts, de cours et d'ateliers autour de la harpe à Merchiston Castle School.
**www.harpfestival.co.uk**

**Beltane Fire Festival**
Le 30 avril, fête païenne et mystique au sommet de Calton Hill pour célébrer le retour du printemps. Procession de musiciens et de cracheurs de feu aux corps peints, clôturée par un immense feu de joie.
**www.beltane.org**

## Mai

**Imaginate Children's Festival**
Le plus grand festival de théâtre pour enfants du Royaume-Uni invite des troupes du monde entier pendant une semaine.
**www.imaginate.org.uk**

## Juin

**Edinburgh International Film Festival**
Les deux dernières semaines de juin, Édimbourg braque la caméra sur le meilleur du cinéma international, des blockbusters américains aux perles du cinéma indépendant…
**www.edfilmfest.org.uk**

**Scottish Real Ale Festival**
Les *real ales* coulent à flots pendant trois jours à l'occasion de la fête de la Bière avec 150 variétés provenant de 35 brasseries écossaises.
**www.sraf.camra.org.uk**

**Pride Scotia**
Édimbourg accueille la gay pride nationale tous les deux ans (2017, 2019…) en alternance avec Glasgow. Marche,

concerts et DJ sets au programme.
**www.prideedinburgh.org.uk**

## Juillet

**Edinburgh Jazz & Blues Festival**
Bars et théâtres vibrent aux sons du jazz pendant dix jours. Carnaval dans les jardins de Princes St. (voir p. 139).
**www.edinburgh jazzfestival.com**

## Août

**Edinburgh International Festival**
Opéra, musique classique, danse, théâtre et le top des artistes internationaux : c'est le festival incontournable de l'année (voir p. 138) !
**www.eif.co.uk**

**Edinburgh Festival Fringe**
Le plus grand festival d'art au monde : 2 500 concerts et représentations avant-gardistes aux quatre coins de la ville... Voir p. 139.
**www.edfringe.com**

**Edinburgh International Book Festival**
Un festival littéraire toujours très animé qui réunit plus de 800 auteurs. Voir p. 138.
**www.edbookfest.co.uk**

**Edinburgh Military Tattoo**
Chaque soir pendant trois semaines, la célèbre parade militaire fait le show sur l'esplanade du château (voir p. 139).
**www.edintattoo.co.uk**

**Festival of Politics**
Débats, discussions, théâtre et concerts autour de la politique, de l'art et de la culture au Scottish Parliament.
**www.festivalofpolitics.org.uk**

**Edinburgh Art Festival**
Pendant un mois, les arts visuels sont célébrés dans les jardins, les galeries, les musées et à l'Edinburgh College of Art : expos, visites guidées, performances...
**www.edinburgh artfestival.com**

## Septembre

**Doors Open Day**
Le temps d'un week-end, des monuments habituellement fermés au public ouvrent leurs portes gratuitement.
**www.cockburn association.org.uk**

## Octobre

**Scottish International Storytelling Festival**
Un festival familial d'une dizaine de jours pour se laisser conter les plus belles histoires...
**www.tracscotland.org**

## Novembre

**St Andrew's Day**
Le 30 novembre, festivités en l'honneur du saint patron de l'Écosse.

## Décembre

**Edinburgh's Christmas**
Marchés de Noël, illuminations, grande roue, patinoire dans les jardins de Princes St., jardin des rennes, expositions : le mois de décembre est magique à Édimbourg !
**www.edinburghs christmas.com**

**Hogmanay**
L'un des rendez-vous préférés de la planète pour célébrer le Nouvel An ! Procession aux flambeaux, concerts, *ceilidhs* et gigantesque *street party* sur Princes St.
Ces quatre jours et quatre nuits de festivités (29 déc.-1er janv.) se terminent en apothéose avec 100 000 personnes reprenant en chœur *Auld Lang Syne* et avec des feux d'artifice jaillissant des sept collines d'Édimbourg !
**www.edinburgh shogmanay.com**

# Visites

# PAR QUARTIER

THE MALT SHOVEL
BELHAVEN
Gurkha

# À SAVOIR

## SE DÉPLACER

Nous avons découpé la ville en **treize petits quartiers** que vous pouvez tous visiter à pied. Seul le 13e, Leith, est excentré : pour le rejoindre depuis le cœur d'Édimbourg, il suffit de prendre le bus (p. 83). Les autres sont peu éloignés les uns des autres : de Princes St., vous pouvez rallier en 15-20 min de marche Dean Village ou Stockbridge.

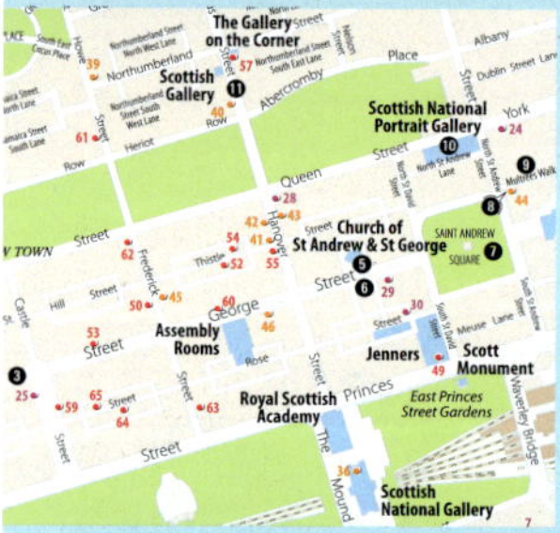


## LIRE LES CARTES

Chacune des visites est accompagnée d'un plan détaillé sur lequel nous avons placé tous les points d'intérêt du quartier. Les pastilles de couleur indiquent nos bonnes adresses de restos (orange), de bars (violet) et de boutiques (rouge). Le numéro de la pastille colorée correspond à celui attribué à chacune des adresses. Reportez-vous au chapitre concerné pour lire la notice de l'établissement.

## NOS CONSEILS POUR VOUS AIDER À GAGNER DU TEMPS

**Réservez vos visites sur Internet :** vous vous éviterez ainsi, en haute saison, de longues files d'attente. Les trois sites les plus convoités proposent des réservations en ligne : le **château d'Édimbourg** (Edinburgh Castle, p. 23), attraction n° 1 avec 1,5 million de visiteurs par an, met ses billets en vente sur le site www.edinburghcastle.gov.uk, la **résidence officielle de la reine** (Palace of Holyroodhouse, p. 43) sur www.royalcollection.org.uk/tickets et le **Royal Yacht *Britannia*** (p. 83) sur www.royalyachtbritannia.co.uk (onglet « Plan your visit » puis « Tickets »).

**Jonglez avec les horaires :** la plupart des musées et monuments sont ouverts t. l. j. 10h-17h (voire 18h en juil.-août) ; certains, comme la Scottish National Gallery et la Scottish National Portrait Gallery, font nocturne le jeu. soir jusqu'à 19h. L'Edinburgh Castle, le Palace of Holyroodhouse et le Royal Yacht *Britannia* accueillent le public dès 9h30.

# 1 Castle Rock, LE BERCEAU HISTORIQUE

Restos, bistrots p. 93 | Boutiques p. 143

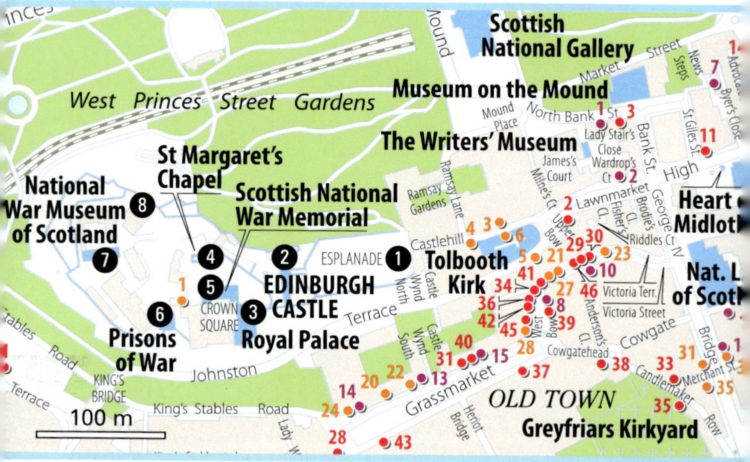


C'est sur cet éperon rocheux occupé dès 900 av. J.-C. que commence l'histoire troublée d'Édimbourg. Celtes, Angles, Pictes, Scots, Vikings et envahisseurs anglais se disputent tour à tour le fort de la colline, *Din Eidyn,* qui donnera son nom à la ville vers l'an 600. D'une beauté saisissante, la vénérable forteresse posée fièrement sur son rocher s'affiche comme la star de la capitale.

## ❶ L'ESPLANADE**

Terrain de parade militaire à l'origine, l'esplanade accueille chaque été le défilé du Military Tattoo (voir p. 139). Dans la partie nord-est, une fontaine commémore le lieu où périrent sur le bûcher 300 femmes accusées de sorcellerie entre 1479 et 1722. Derrière se dressent les façades de Ramsay Gardens, bâtiments sociaux dessinés à la fin du XIXe s. par l'urbaniste Patrick Geddes pour encourager le retour des classes moyennes dans Old Town.

## ❷ EDINBURGH CASTLE***

Résidence royale puis forteresse militaire, prison et caserne, le château d'Édimbourg, initié par David Ier au XIIe s., est le symbole de toute une nation. Il a vu son histoire se mêler à celle de l'Écosse dans une succession de sièges, d'intrigues et de bains de sang. Ses remparts cachent un palais royal, une chapelle médiévale, trois musées de guerre, des casernes et des batteries de canon... On est donc loin du château classique, mais son passé tumultueux et le panorama à 360° sur la ville sauront vous captiver. Réservez *on line* pour gagner du temps, plus d'un million de visiteurs s'y pressent chaque année !

### Une saga écossaise

Pendant des siècles, Anglais et Écossais s'emparent tour à tour du château à l'issue de violentes batailles ou d'actes héroïques, comme l'attaque surprise des hommes de Randolph en 1314 après une ascension périlleuse, ou celle des hommes de Douglas, déguisés en marchands, en 1341. En 1440, le régent Crichton y fit décapiter les jeunes frères Douglas au cours du célèbre *Black Dinner*. Au XVIe s., les souverains lui préférèrent le confort de Holyroodhouse, mais

Marie Stuart, craignant pour sa vie, s'y réfugia pour accoucher. Envahi par Cromwell en 1650, il fut une dernière fois attaqué en 1745 par les jacobites.

### The Great Hall

La grande salle de cérémonie du XVIe s. a accueilli jusqu'en 1639 plusieurs sessions du Parlement. Elle a conservé sa superbe charpente à blochets totalement dépourvue de clous ! Le reste du décor est victorien : cheminée, vitraux... À voir, « l'oreille du châtelain », un judas qui permettait au roi d'espionner sans être vu.

### Insolite !

Depuis 1861, le One O'clock Gun tire un coup de canon chaque jour (sf dim.) à 13h depuis la batterie de Mills Mount. Il servait jadis de signal horaire pour la navigation dans le Forth. Ne ratez pas le canon Mons Meg, gigantesque pièce de 6 t conçue au XVe s. pour tirer des boulets de 150 kg ! Les mascottes des régiments et les chiens des officiers reposent dans un curieux cimetière en contrebas.

**Castlehill • ☎ 0131 225 9846 • www.edinburghcastle.gov.uk • Avr.-sept. : t. l. j. 9h30-18h ; oct.-mars : t. l. j. 9h30-17h ; f. 25 et 26 déc. ; dernière entrée 1h avant la fermeture • Entrée plein tarif (visite guidée incluse) : 16,50 £ ; audioguide : 3,50 £.**

## ❸ ROYAL PALACE**

Érigé au XVe s., le palais royal fut réaménagé en 1617 pour la visite de Jacques VI. Les

appartements privés, habillés de portraits royaux, abritent la chambre où Marie Stuart donna naissance à Jacques VI. Clou de la visite, la salle de la Couronne veille sur les Honours of Scotland – les insignes royaux (couronne, sceptre et épée d'État) – et sur la pierre de la Destinée autrefois utilisée pour l'investiture des souverains écossais. Édouard Ier se l'appropria en 1296. La pierre servit alors pendant sept siècles au sacre des rois anglais à Westminster. Elle fut restituée aux Écossais en 1996. **Edinburgh Castle.**

## ❹ ST MARGARET'S CHAPEL★★

Émouvante de simplicité, la petite chapelle romane est le vestige le plus ancien de la ville et la seule relique du

château des Vierges (XIIe s.). Sa construction est attribuée à David Ier, à la mémoire de sa mère la reine Margaret. Celle-ci se laissa mourir au château en 1093, quatre jours après l'annonce de la mort de son époux Malcolm III et de son fils aîné sur le champ de bataille.
**Edinburgh Castle.**

## ❺ SCOTTISH NATIONAL WAR MEMORIAL★

Inauguré en 1927, ce mémorial de guerre est un étonnant bâtiment de style Art déco. Il rend hommage aux Écossais tombés au combat depuis la Première Guerre mondiale. Les noms des soldats sont inscrits dans de grands cahiers que l'on peut feuilleter.
**Edinburgh Castle.**

## ❻ PRISONS OF WAR★★★

Graffitis, billets contrefaits et objets artisanaux fabriqués avec les os des rations alimentaires évoquent la vie carcérale des milliers de prisonniers de guerre qui croupirent dans les caves du château entre 1757 et 1814. En

## ❽ Pour une pause au château : Redcoat Café

Près du One O'clock Gun (voir p. 24), le Redcoat Café propose des plats consistants en self-service (5,95-10,95 £), des sandwichs et des boissons à consommer dans le restaurant avec vue sur New Town ou sur la terrasse.

**Edinburgh Castle • www.edinburghcastle.gov.uk • T. l. j. 10h-16h (17h en été ; cuisine 11h30-14h).**

comparaison, la petite prison militaire victorienne paraît presque luxueuse avec ses douches alimentées en eau chaude !
**Edinburgh Castle.**

## ❼ NATIONAL WAR MUSEUM OF SCOTLAND**

Un musée passionnant qui raconte quatre cents ans d'histoire militaire écossaise. La remarquable collection comprend des souvenirs de guerre, des uniformes, des armes... Ne manquez pas le célèbre tableau de Robert Gibb *The Thin Red Line*, illustrant un régiment des Highlands lors de la guerre de Crimée. Pour les passionnés, direction les deux musées des régiments royaux.
**Edinburgh Castle • ☎ 0300 123 6789 • www.nms.ac.uk/national-war-museum • Avr.-oct. : t. l. j. 9h45-17h45 ; nov.-mars : t. l. j. 9h45-16h45 • Entrée incluse dans l'achat d'un billet pour Edinburgh Castle.**

# 2 Le Royal Mile, DE CASTLEHILL À LAWNMARKET

Restos, bistrots p. 93 | Bars, clubs p. 121 | Boutiques p. 143

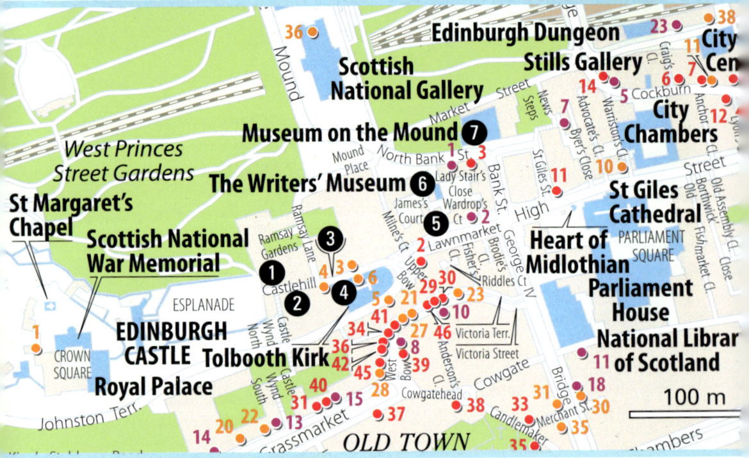


Point de départ du Royal Mile, Castlehill est la plus vieille rue d'Édimbourg. Avec ses hautes maisons qui se bousculent, cet entonnoir grouillant de touristes qui se pressent vers le château donne un bon aperçu de la ville médiévale. Elle se prolonge par Lawnmarket, qui fut jusqu'au XVIIIe siècle un grand marché au lin. David Hume vécut dans ce quartier alors prisé de la bonne société.

## ❶ TARTAN WEAVING MILL AND EXHIBITION*

En descendant dans cet atelier de filature, l'un des derniers encore en activité à Édimbourg (lun.-ven.), vous saurez tout sur la fabrication du tartan et sur la réalisation du kilt. Derrière la vitre, on voit les métiers à tisser, les bobines de fil coloré et les piles de tissu. On peut y acheter du tartan au mètre, mais un conseil :

zappez les bazars à touristes sur le parcours... **Pour en savoir plus sur l'industrie textile et la mode made in Scotland, voir p. 174-175.**
555 Castlehill • ☎ 0131 220 2477
• www.edinburgh-royalmile.com/interest/tartanweavingmill.html
• T. l. j. 9h-18h30 • Accès libre.

## ❷ SCOTCH WHISKY EXPERIENCE***

Une visite amusante et instructive pour s'initier au scotch et percer les mystères de sa fabrication. Au programme, balade dans un tonneau sur rail au cœur de la distillation, leçon par un spécialiste pour distinguer les différentes sortes de whisky (âge, provenance, arômes, robe, couleur...), puis dégustation finale dans une pièce où sommeille la plus grande collection de whiskies écossais au monde !
354 Castlehill • ☎ 0131 220 0441
• www.scotchwhiskyexperience.co.uk
• T. l. j. 10h-17h (18h avr.-août) • Visites guidées : *Silver Tour* 14,50 £ (50 min), *Gold Tour* 25,25 £ (90 min), *Platinum Tour* 35 £ (90 min, en soirée), *Taste of*

*Scotland* 65 £ (en soirée), *Morning Masterclass* 40 £ (lun.-ven. 10h sur résa).

## ❸ CAMERA OBSCURA**

Royaume de l'illusion, cette exposition amusante sur l'optique est jalonnée d'hologrammes, d'images d'Édimbourg en 3D et de jeux interactifs qui plairont aux petits comme aux grands. Au sommet de l'**Outlook Tower,** la chambre noire construite en 1853 dévoile une vue fascinante de la ville projetée sur une table concave grâce à un système de miroirs réfléchissants. Une curiosité qui vous en mettra plein les mirettes !

**Castlehill • ☎ 0131 226 3709 • www.camera-obscura.co.uk • Avr.-juin et sept.-oct. : t. l. j. 9h30-19h ; juil.-août : t. l. j. 9h-21h ; nov.-mars : t. l. j. 10h-18h • Entrée plein tarif : 14,50 £.**

## ❺ GLADSTONE'S LAND**

Cette demeure de marchand du XVIIe s. livre un aperçu de ce qu'était la vie dans Old Town. On y découvre une reconstitution d'échoppe, un beau plafond peint, des meubles d'époque et des objets du quotidien. De la chambre à la cuisine en passant par le salon georgien ajouté au XVIIIe s., des bénévoles livrent une foule d'anecdotes. Notez que c'est l'un des rares *tenements* (maison haute) à avoir conservé ses arcades.

### ❹ Pour une pause dans une église : The Hub*

Coiffée d'une flèche impressionnante (75 m), l'église néogothique de Tolbooth (1844), désacralisée depuis 1984, abrite le centre d'information et la billetterie du Festival d'Édimbourg ainsi qu'un spacieux café où l'on peut déjeuner *Scottish* ou boire un verre (terrasse aux beaux jours). Mêlant déco victorienne et sculptures contemporaines, la cage d'escalier mérite le coup d'œil.

**Castlehill • ☎ 0131 473 2015 • www.thehub-edinburgh.com • Lun.-sam. 9h30-17h, dim. 11h-17h (jusqu'à 22h t. l. j. en juil.-août).**

**477b Lawnmarket • ☎ 0844 493 2120 • www.nts.org.uk • Fin mars-oct. : t. l. j. 10h-17h • Entrée plein tarif : 6,50 £.**

## ❻ THE WRITERS' MUSEUM★★

L'architecture biscornue de cette maison du XVIIe s. abrite un petit musée dédié à la vie et à l'œuvre des trois grands écrivains nationaux : Robert Burns, Walter Scott et Robert Louis Stevenson. La collection comprend des manuscrits, des premières éditions, des portraits et une foule d'objets personnels comme le bureau de Burns, le cheval à bascule de Scott ou la pipe de Stevenson.

**Lady's Stair's House, Lawnmarket • ☎ 0131 529 4901 • www.edinburghmuseums.org.uk/Venues/The-Writers-Museum • Lun.-sam. 10h-17h (ouv. dim. en août 12h-17h) • Accès libre.**

## ❼ MUSEUM ON THE MOUND★

Entre collections de pièces royales, matériel de faussaire et publicités rigolotes de l'ère victorienne, on rêve devant un million de pounds en petites coupures et on tente de fracturer un coffre-fort... Voilà un drôle de petit musée sur l'argent dans la plus vieille banque d'Écosse (Bank of Scotland).

**The Mound (entrée North Bank St.) • ☎ 0131 243 5464 • www.museumonthemound.com • Mar.-ven. 10h-17h, sam.-dim. et j. f. 13h-17h • Accès libre • Informations en anglais.**

# 3 Le Royal Mile, HIGH STREET

Restos, bistrots p. 94 | Bars, clubs p. 121 | Boutiques p. 143

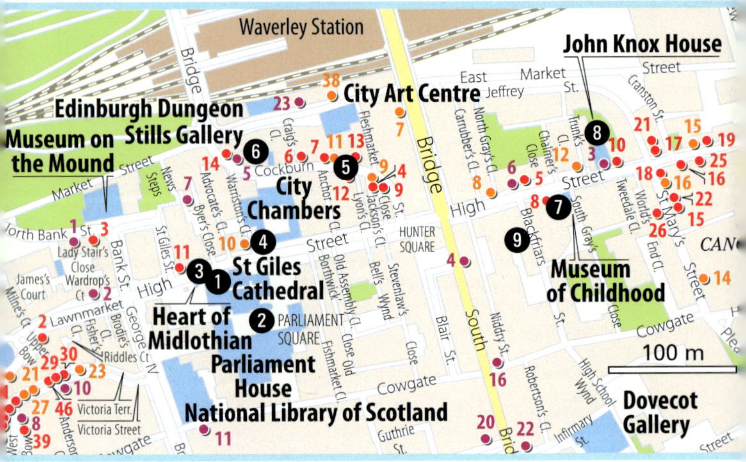


Il faut imaginer High Street, cœur battant d'Old Town, avec ses échoppes d'antan blotties contre la cathédrale, les cris du marché et ses tavernes enfumées où artistes et écrivains cherchent l'inspiration. Toujours animée, elle aligne aujourd'hui monuments de prestige, pubs, restaurants et boutiques de souvenirs.

## ❶ ST GILES CATHEDRAL★★★

Bien que qualifiée de cathédrale, St Giles, dédiée au patron des lépreux, fut un haut lieu de la Réforme écossaise. Sa tour à couronne ajourée (1495) mérite le coup d'œil. L'intérieur aussi : il abrite un original du *National Covenant*, des vitraux du préraphaélite Burne-Jones et des monuments dédiés à différentes personnalités écossaises comme Stevenson. Ne manquez pas la chapelle du Chardon, véritable curiosité. Pour la pause-café, direction la crypte !

## L'architecture

Incendié en 1385 par les Anglais puis reconstruit dans le style gothique au XVe s., l'édifice a subi de nombreux remaniements après la Réforme. Les restaurations du XIXe s. ont beaucoup altéré sa physionomie extérieure.
À l'intérieur, les vestiges les plus anciens sont les quatre piliers du sanctuaire (ils appartenaient à l'église du XIIe s.). L'ajout ultérieur de chapelles latérales a effacé le plan cruciforme. Mais dans le chœur, les deux derniers piliers du fond portent encore les armoiries de Jacques II et de Marie de Gueldres ainsi que celles d'Édimbourg figurant un château à trois tours.

## Les monuments commémoratifs

La nef abrite une statue de John Knox, fer de lance de la Réforme en Écosse et pasteur de St Giles de 1560 à 1572. Dans la chapelle Chepman, ne manquez pas la tombe du marquis de Montrose, chef des armées de Charles Ier, pendu en 1650 à Mercat Cross.
Dans la chapelle Moray, une plaque marque le lieu d'où une marchande, Jenny Geddes, aurait jeté son tabouret sur un prédicateur, pour marquer son rejet de la nouvelle liturgie imposée par Charles Ier.

## Thistle Chapel

Au fond à droite, la splendide chapelle du Chardon fut ajoutée en 1911 pour les chevaliers de l'ordre du Chardon, la plus haute distinction d'Écosse (l'ordre fut créé en 1540 et restauré par Jacques VII en 1687). Signé Robert Lorimer, ce délire gothique flamboyant présente une superbe voûte en éventail aux clés sculptées ainsi que des stalles au décor extravagant dédiées au souverain et aux seize chevaliers. Au-dessus de la porte, un ange joue… de la cornemuse !

**Parliament Square • ☎ 0131 225 9442 • www.stgilescathedral.org.uk • Cathédrale : lun.-ven. 9h-19h (17h oct.-avr.), sam. 9h-17h, dim. 13h-17h**

**• Chapelle du Chardon : lun.-sam. 10h-16h, dim. 13h-17h • Accès libre (donation de 3 £ suggérée) ; accès aux toits (visite guidée de 20 min) : 6 £ • Pour les concerts : voir p. 123.**

## ❷ PARLIAMENT SQUARE**

C'est à la Croix de marché ou Mercat Cross (XIVe s.), surmontée d'une licorne, qu'avaient lieu les proclamations royales et les exécutions. Derrière la statue équestre de Charles II, au sud, s'élève **Parliament House.** Siège du Parlement écossais (1638-1707) puis de la Cour suprême, elle abrite le grandiose Parliament Hall, où s'affairent les avocats en perruque (lun.-ven. 9h-17h ; accès libre). À l'est, la prestigieuse Signet Library.

## ❸ HEART OF MIDLOTHIAN*

Dessiné sur le sol avec des pavés de granit, le cœur du Midlothian marque l'emplacement du Tolbooth, ancienne mairie et tribunal devenu prison, démoli en 1817. La vieille coutume qui consiste à cracher dessus comme le faisaient les prisonniers libérés a perduré. Cela porte chance, paraît-il !

## ❹ THE REAL MARY KING'S CLOSE**

Enfoui sous l'ancienne Bourse royale (City Chambers) depuis 250 ans, ce quartier préservé, considéré comme l'un des lieux les plus hantés de la capitale, est un labyrinthe de sombres venelles, d'anciennes échoppes et de tavernes, abandonné après une épidémie de peste en 1645. Prétexte à l'évocation de la vie passée dans Old Town, le parcours est jalonné de reconstitutions, d'anecdotes sanglantes et d'apparitions fantomatiques.

**2 Warriston's Close, High St.**
**• ☎ 0131 225 0672**
**• www.realmarykingsclose.com**
**• Avr.-oct. : t. l. j. 10h-21h (9h30-23h août) ; nov.-mars : dim.-jeu. 10h-17h, ven.-sam. 10h-21h • Visite guidée (1h) en anglais 14,50 £, audioguide en français.**

## ❺ COCKBURN STREET**

Espaces d'art, cafés et boutiques funky (mode, vinyles...) se

blottissent le long de cette rue pittoresque percée à l'époque victorienne. Un raccourci utile vers New Town, où l'on peut observer l'arrière des **City Chambers** (XVIIIe s.), hautes de douze étages contre quatre côté Royal Mile !

## ❻ STILLS GALLERY★★

Depuis 1977, ce centre d'art à la réputation internationale met en avant la photographie contemporaine et les nouveaux médias digitaux. Les expositions présentent les travaux d'artistes locaux ou étrangers, et des films sont projetés dans le Film Lounge.

**23 Cockburn St. • ☎ 0131 622 6200 • www.stills.org • Lun.-sam. 11h-18h • Accès libre.**

## ❼ MUSEUM OF CHILDHOOD★★

Fondé par un conseiller municipal qui détestait soi-disant les enfants, ce musée est considéré comme le plus bruyant au monde. Miniatures, marionnettes, voitures à pédales, berceaux, jeux d'optique, friandises oubliées, cahiers d'école, boîtes à musique et poupées évoquent les passe-temps, l'habillement et l'éducation des bambins depuis l'époque victorienne.

**42 High St. • ☎ 0131 529 4142 • www.edinburghmuseums.org.uk • Lun.-sam. 10h-17h, dim. 12h-17h • Accès libre.**

## ❽ JOHN KNOX HOUSE★

Dans cette maison de 1470 sont évoquées la vie et l'œuvre de ses célèbres habitants : James Mosman, orfèvre de Marie Stuart, et John Knox, le célèbre prédicateur et réformateur de l'Église d'Écosse. Très beau plafond peint du XVIe s. dans l'Oakroom. L'écrivain Daniel Defoe vécut dans la maison voisine, Moubray House, la plus ancienne de la ville (v. 1450).

**45 High St. • ☎ 0131 556 9579 • www.tracscotland.org • Lun.-sam. 10h-18h (ouv. dim. 12h-18h juil.-août) • Entrée plein tarif : 5 £ ; audioguide (en anglais) : 1 £.**

## ❾ Pour une pause *deli* : Edinburgh Larder

Littéralement le « garde-manger d'Édimbourg », ce *deli* ne sert que des produits écossais. Recommandé pour un *Scottish breakfast* ou pour le lunch : soupes (4-5 £), salades (7,50-8,50 £), quiches, assiettes de poissons et de fromages, *sausage rolls*. Les bières proviennent de petites brasseries artisanales.

**15 Blackfriars St. • ☎ 0131 556 6922 • www.edinburghlarder.co.uk • T. l. j. 8h-17h.**

# 4 Le Royal Mile, CANONGATE

Restos, bistrots p. 97 | Boutiques p. 147

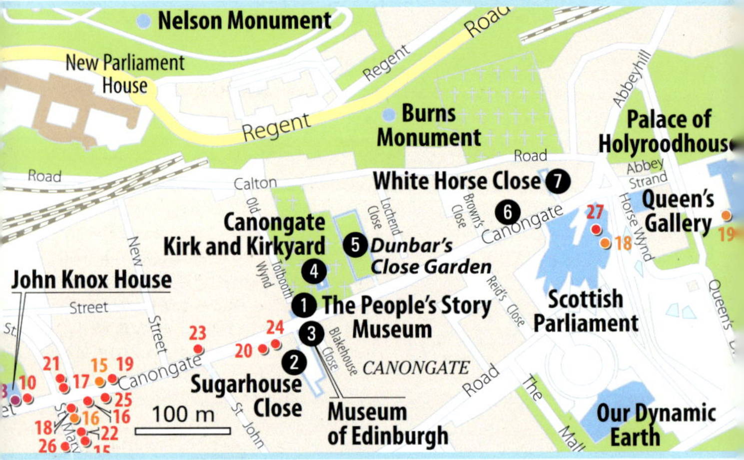


**Bourg indépendant fondé par David Ier en 1143 pour les chanoines de l'abbaye de Holyrood, Canongate ne fut rattaché à la ville qu'en 1856. Préservé de la puanteur et de l'insalubrité de la cité, le quartier s'attire très tôt les faveurs de la bonne société, mais il décline au XIXe siècle, sombrant dans une misère extrême. Moins fréquenté que High Street, Canongate séduit par le cachet retrouvé de ses belles demeures historiques et par ses boutiques pleines de surprises...**

## ❶ THE PEOPLE'S STORY MUSEUM*

Immanquable avec sa tour flanquée d'une curieuse horloge, ce bâtiment du XVIe s. qui fit office de mairie, de tribunal et de prison abrite aujourd'hui un musée sur l'histoire de la population d'Édimbourg. La vie, le travail et les loisirs de ses habitants du XVIIIe s. à nos jours sont évoqués grâce à des reconstitutions (cachot du XVIIIe s., pub, atelier de tailleur...)

complétées par une collection de photographies, d'objets du passé et de témoignages.
**Canongate Tolbooth, 163 Canongate • ☎ 0131 529 4057 • www.edinburghmuseums.org.uk • Lun.-sam. 10h-17h (ouv. dim. 12h-17h en août) • Accès libre.**

## ❷ SUGARHOUSE CLOSE*

Vous voyez le petit passage juste en face de la Tolbooth Tavern ? Il donne accès à un bel exemple de réhabilitation d'un bâtiment industriel : les greniers à orge d'une vieille brasserie, transformés en 2012 par un cabinet d'architectes d'Édimbourg (Oberlanders) en logements pour étudiants. Un cocktail réussi d'ancien et de contemporain, qui donnerait presque envie de reprendre ses études !
**160 Canongate (autre entrée au 41 Holyrood Rd) • Accès libre.**

## ❸ MUSEUM OF EDINBURGH**

C'est dans trois hôtels particuliers du XVI<sup>e</sup> s. que l'intéressant musée d'Histoire locale a élu domicile. Si la pièce maîtresse de la collection est un exemplaire sur parchemin du *National Covenant* (voir p. 50), on découvre d'autres pièces remarquables comme les plans originaux de New Town par James Craig, une maquette d'Old Town au temps de Marie Stuart, le collier et la gamelle de Greyfriars Bobby (p. 49), et de multiples trésors d'argenterie, de porcelaine et de cristal made in Edinburgh. Le secteur de la céramique connut, sur la côte est de l'Écosse (Kirkcaldy, Prestonpans...),

une relative prospérité aux XVIIIe-XIXe s. Au 1er étage du musée, vous verrez à travers une vitre un pan de l'atelier du céramiste A.W. Buchan, qui employait jusqu'en 1972, à Portobello, une trentaine de décorateurs pour peindre à la main théières et pichets.

**Huntly House • 142 Canongate • ☎ 0131 529 4143 • www.edinburghmuseums.org.uk • Lun.-sam. 10h-17h (ouv. dim. 12h-17h en août) • Accès libre.**

## ❹ CANONGATE KIRK AND KIRKYARD**

D'apparence modeste, cette église presbytérienne fut construite en 1688 pour accueillir les paroissiens de Canongate, chassés de l'abbaye de Holyrood par Jacques VII. Son verdoyant cimetière abrite des noms illustres tels ceux de l'économiste Adam Smith, du poète Robert Fergusson et d'Agnes McLehose, la bien-aimée Clarinda de Robert Burns. C'est ici que la famille royale vient prier quand elle réside dans la capitale. Canongate est aussi l'église du Régiment royal, le Royal Scots.

**153 Canongate • ☎ 0131 556 3515 • www.canongatekirk.org.uk • Mai-sept. : église ouv. aux visiteurs ; le reste de l'année pendant les offices • Visite guidée du cimetière juil.-août mer. et dim. à 13h30 et 15h (don bienvenu).**

## ❺ DUNBAR'S CLOSE GARDEN*

Caché derrière les hautes demeures de Canongate, ce jardin très confidentiel est un havre de paix.

Les chemins de gravier bordés d'ifs, de langues herbeuses et de lits de lavande composent un délicieux jardin dans le style du XVII^e^ s., typique d'Old Town. Une parenthèse de quiétude et un vrai secret à deux pas de l'effervescence du Royal Mile !

**Dunbar's Close, Canongate • Accès libre.**

## ❼ WHITE HORSE CLOSE★

Baptisée « le cheval blanc » en hommage à la monture préférée de Marie Stuart, cette jolie courette abritait au XVI^e^ s. les écuries royales. On peut encore voir l'ancienne auberge d'où partaient les diligences pour Londres au XVII^e^ s. L'ensemble a été restauré et donne une bonne idée de l'Old Town d'antan.

**27 Canongate.**

## ❻ Pour une pause *grannies* : Clarinda's Tea Room★

Touristes et locaux se disputent (et finissent par partager) les tables de ce petit salon de thé *British* à souhait avec ses porcelaines fleuries, ses photos jaunies et ses nappes au crochet. Un grand classique d'Old Town, qui donne envie de lever le petit doigt entre deux bouchées de gâteau crémeux ou de scone maison.

**69 Canongate • ☎ 0131 557 1888 • T. l. j. 10h-16h.**

# Old Town, la ville médiévale

**Peu de capitales européennes ont conservé leur caractère médiéval aussi bien qu'Édimbourg. Prisonnière de ses murs, Old Town s'est développée d'une manière originale, semant de façon anarchique des « gratte-ciel » qui défient la gravité le long d'une arête rocheuse. Dédale de venelles et de cours obscures, son architecture labyrinthique nous renvoie l'image de son passé turbulent, quand la ville était encore capitale des rois d'Écosse.**

## LE ROYAL MILE

Succession de quatre rues qui descendent en pente douce du château vers le palais de Holyrood (Castlehill, Lawnmarket, High St. et Canongate), la voie royale était l'artère principale et le cœur battant de la cité médiévale. Elle servait de route processionnelle aux rois et aux reines, d'où son nom. S'y promener permet de remonter le temps tant elle foisonne de bâtiments historiques : églises, *tolbooth* (mairie et prison, p. 34), Parlement et Cour de justice (p. 34), Bourse royale... Siège des pouvoirs religieux, législatif et judiciaire, lieu de marchés et d'exécutions, elle fut au centre de la vie publique jusqu'au XVIII$^{e}$ s.

### *Gardy loo !*

Les visiteurs de l'époque sont frappés par l'insalubrité et l'odeur insoutenable de la ville. Les demeures étant dépourvues de système d'évacuation, les pots de chambre étaient vidés directement dans la rue au cri de *gardy loo*, du vieux français « garde à l'eau ». Le passant avait tout juste le temps d'esquiver le jet d'ordures. Aux problèmes d'hygiène s'ajoutait celui de la promiscuité, qui favorisait la contagion des maladies. Beaucoup d'habitants périrent de la peste, du typhus ou du choléra.

## LE *FLODDEN WALL*

Après la défaite de Flodden en 1513, qui fait ressurgir la menace anglaise, débute la construction du *Flodden Wall*, un mur d'enceinte (vestiges visibles à Grassmarket) qui va empêcher l'expansion de la ville pour les deux siècles suivants. Contenue dans ses murs, Old Town devient une fourmilière humaine, sa population triple en un siècle, passant de 7 500 habitants au XVI$^{e}$ s. à 21 000 habitants en 1649 ! Daniel Defoe écrivait en 1726 : « Nulle part ailleurs dans le monde qu'à Édimbourg autant de personnes occupent aussi peu d'espace. »

## *TENEMENTS*

Pour loger la population, on n'eut d'autre choix que de construire en hauteur. Des immeubles en bois puis en pierre *(tenements)* de cinq à huit étages (parfois douze !) allaient émerger sur le Royal Mile (effondrements et incendies étaient fréquents...). Dans un *tenement* typique du XVIIe s. (voir Gladstone's Land p. 30), toutes les classes sociales se côtoyaient. C'est ce que l'on a appelé la « démocratie de l'escalier commun ». Les nantis se réservaient les étages du milieu, préservés du bruit et de la puanteur, et les plus démunis s'entassaient dans les greniers et les caves. **Moubray House** et **John Knox House,** les plus anciennes maisons de la ville (p. 35), **Huntly House** (Museum of Edinburgh, p. 37) ou **Lady Stair's House** (The Writers' Museum, p. 31) permettent de découvrir d'autres habitats typiques d'Old Town.

## *CLOSES ET COURTS*

Une multitude de ruelles, de petits passages couverts, appelés *closes* ou *wynds,* et de courettes *(courts)* s'échappent du Royal Mile. Ils permettaient d'accéder au chaos de bâtisses qui recouvraient les flancs de la colline. Au nombre de 300 à l'origine, ils ne sont plus que 60. Chacun détient son lot d'anecdotes, de curiosités (Wardrop's Court avec ses dragons) et de points de vue inattendus sur la ville. **Riddle's Court** (Lawnmarket), **Tweedale Court** (avant St Mary's St.), **Bakehouse Close, Dunbar's Close** (p. 38) ou **White Horse Close** (p. 39) sont particulièrement évocatrices de l'Old Town d'antan. Cas unique, **Mary King's Close** (p. 34) est une ruelle conservée en l'état depuis le XVIIe s. ! Heureusement, Stinking Close ou « la rue qui empeste » fait partie de celles qui ont disparu...

## AULD REEKIE

Avec la construction de New Town au XVIIIe s., Old Town est peu à peu désertée par la haute société et sombre dans une grande misère. Celle que l'on appelle alors « la vieille enfumée » est hérissée de centaines de cheminées, dont les fumées noircissent bâtiments et linge, et sont la cause de maladies respiratoires. Il est fort probable que les sinistres taudis de Cowgate et des souterrains de South Bridge aient inspiré **Charles Dickens,** ému par les enfants des rues lors de ses visites à Édimbourg.

# 5 Holyrood, UNE NATURE ROYALE

Restos, bistrots p. 98 | Boutiques p. 150

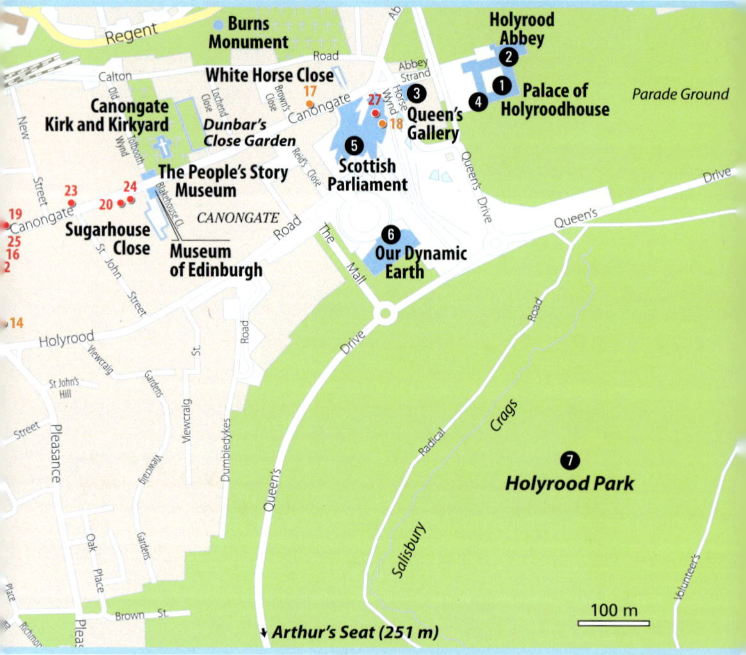


**Au pied du Royal Mile, Holyrood est une bouffée d'oxygène, d'espace et de verdure qui offre un spectacle époustouflant de beauté. Imaginez l'un des plus beaux palais d'Écosse rivalisant avec l'architecture ultramoderne et déroutante du nouveau Parlement, tous deux se découpant sur les rondeurs verdoyantes d'un volcan éteint… Tout simplement magique !**

## ❶ PALACE OF HOLYROODHOUSE***

Dès le Moyen Âge, les rois préfèrent le confort de l'abbaye de Holyrood au château du Roc, glacial et venteux. Jacques IV fait construire sur les terres des augustins une première résidence en 1503. En 1528, Jacques V lui ajoute une tour à son nom, où vécut Marie Stuart de 1561 à 1567. Un siècle plus tard, Charles II en fait l'un des plus beaux palais d'Écosse, à la gloire des Stuarts. Il n'y mettra jamais les pieds... Aujourd'hui, ce fleuron de l'architecture classique, maintes fois copié par la noblesse écossaise, est la résidence officielle de la reine en Écosse.

### Les appartements du roi

Après avoir gravi le grand escalier coiffé d'un superbe plafond en stuc, puis jeté un œil au portrait de George IV dans la salle à manger, vous traverserez les somptueuses pièces d'apparat et de cérémonies qui mènent à la chambre du roi. Tapisseries des Flandres, portraits royaux, boiseries et meubles d'époque composent un décor d'une grande richesse. Le luxe est à son apogée dans la chambre du roi, où un plafond peint en trompe-l'œil (1673) représente Hercule accueilli sur le mont Olympe.

## Great Gallery

Longue de 44 m, la plus vaste salle du palais est une galerie à la gloire des Stuarts. Cent dix portraits (96 ont survécu) de rois légendaires et historiques furent commandés par Charles II à Jacob de Wet pour imposer la dynastie. Détail amusant, tous les visages arborent le même nez que Charles II. Bonnie Prince Charlie (1720-1788) y aurait donné un bal, et aujourd'hui la reine aime y organiser les dîners officiels.

## Les appartements historiques

Dans la tour Jacques-V, partie la plus ancienne du château, vous visiterez les appartements de Marie Stuart et la chambre où fut assassiné devant ses yeux son favori, David Rizzio, de 56 coups de couteau. Parmi les objets et œuvres d'art exposés, ne manquez pas le portrait miniature de Marie en habit de deuil par François Clouet, le bijou de lord Darnley incrusté de rubis et d'émeraude (1571), et les pistolets de Bonnie Prince Charlie.

**Horse Wynd • ☎ 0303 123 7334 • www.royalcollection.org.uk • Nov.-mars : t. l. j. 9h30-16h30 ; avr.-oct. : t. l. j. 9h30-18h ; f. 25-26 déc. et pendant les visites royales ; dernière entrée 1h30 avant la fermeture • Entrée plein tarif : 12 £ ; billet couplé avec la Queen's Gallery : 16,90 £.**

## ❷ HOLYROOD ABBEY***

Derrière le palais subsistent quelques vestiges de l'abbaye augustinienne fondée par David Ier en 1128. Le nom Holy Rood proviendrait d'un fragment de la Sainte Croix apporté en Écosse. Selon la légende médiévale, David Ier fit construire le sanctuaire sur le site où il eut, au cours d'une chasse, la vision d'un cerf avec une croix entre les bois. Tout aussi romantiques que la légende, les ruines de l'église ont inspiré à Mendelssohn sa *Symphonie écossaise*.

**Voir le Palace of Holyroodhouse • Visite couplée avec le palais.**

## ❸ QUEEN'S GALLERY**

Dans la galerie de la Reine se tiennent des expositions temporaires d'œuvres d'art de la collection royale puisées dans la manne de peintures, de bijoux,

## ❹ Pour une pause « royale » : The Café at the Palace**

L'ancienne cour des écuries du palais de Holyroodhouse abrite l'un des rares cafés du quartier où faire une pause. L'endroit est touristique mais agréable pour siroter un thé (2,30 £) ou un café (1,80 £) sous la douce lumière de la verrière, ou pour se rafraîchir d'une glace sur la terrasse quand le soleil est de la partie. Cuisine du midi en self-service sans surprises (plats autour de 10 £).

**Horse Wynd • ☎ 0131 652 3685 • Avr.-oct. : t. l. j. 9h30-18h ; nov.-mars : t. l. j. 9h30-16h30 • *Afternoon tea* (13h-16h) : 16,95 £, 25 £ avec champagne.**

de manuscrits et autres sculptures amassés au cours des siècles par les monarques britanniques. Pour faire un cadeau kitsch ou royal, filez dans la boutique qui propose vaisselle fleurie, savons, torchons et bibelots à l'effigie de la reine.

**Mêmes horaires que le Palace of Holyroodhouse, mais dernière entrée 1h avant la fermeture • Entrée plein tarif : 6,70 £.**

## ❺ SCOTTISH PARLIAMENT**

Chef-d'œuvre architectural ou argent gaspillé ? Depuis son inauguration en 2004, le nouveau Parlement n'en finit pas de diviser. Œuvre du Catalan Enric Miralles, ce fantastique délire de bois, de pierre et d'acier (qui a coûté la bagatelle de 414 millions de livres au lieu des 40 millions prévus) est une mine d'innovations. La chambre des débats accueille les séances plénières du Parlement écossais rétabli en 1999 après trois siècles de sommeil (1707).

**☎ 0131 348 5200 • www.parliament.scot • Jours de séance : mar.-jeu. 9h-18h30 ; jours sans séances : lun. et ven.-sam. 10h-17h ; dernière entrée 30 min avant la fermeture ; f. 1er-2 janv. et 25-26 déc.**

• Accès libre, visite guidée gratuite et ticket pour assister aux débats sur résa.

## ❻ OUR DYNAMIC EARTH★★

Entre le musée et l'attraction, cette grosse carapace blanche de tatou cache dans ses entrailles tous les secrets de notre planète. En bref, vous embarquez pour un voyage interactif de 4,5 milliards d'années, du big bang à aujourd'hui, avec simulation de tremblement de terre ou de pluie dans une forêt tropicale et survol des glaciers de Norvège.

**112-116 Holyrood Rd • ☎ 0131 550 7800 • www.dynamicearth.co.uk • Avr.-oct. : t. l. j. 10h-17h30 (18h juil.-août) ; nov.-mars : mer.-dim. 10h-17h30 ; dernière entrée 1h30 avant la fermeture ; f. 1er-2 janv. et 25-26 déc. • Entrée plein tarif : 13,50 £.**

## ❼ HOLYROOD PARK★★★

Un avant-goût des Highlands en plein centre-ville ? Enfilez vos chaussures de marche et partez à la conquête (tonifiante) de Arthur's Seat, le plus haut sommet d'Édimbourg ! Vos efforts seront récompensés par une vue incomparable sur la ville. Terrain de chasse royale dès le Moyen Âge puis parc royal dès le XVIe s., ces 260 ha de lande, de bruyère et de roc qui surgissent au pied d'Old Town sont un paradis pour les promeneurs, les randonneurs et les amoureux de la vie sauvage.

### Arthur's Seat et Salisbury Crags

Le parc est couronné par Arthur's Seat, un volcan qui culmine à 251 m, endormi il y a 350 millions d'années. Au départ du parking du Parlement, plusieurs chemins mènent au sommet en 20-30 min, mais l'ascension la plus facile consiste à emprunter Queen's Dr. jusqu'à Dunsapie Loch d'où part un sentier moins abrupt. La splendide Radical Rd est un sentier raide et rocailleux qui longe les Salisbury Crags, les fameuses falaises rouges, visibles à des kilomètres. Il est interdit d'y pratiquer l'escalade, sauf dans la zone de South Quarry (demander un permis gratuit aux rangers).

### Les lochs

Trois ravissants lochs abreuvent le parc : St Margaret's Loch, creusé au

XIXe s. sous les ruines d'une chapelle du XVe s., Dunsapie Loch, proche de Arthur's Seat, et Duddingston Loch au sud-est. Idéal pour observer les oiseaux migrateurs qui y font étape, ce lac naturel servit de décor à l'un des plus célèbres tableaux de l'école écossaise, le *Révérend Robert Walker patinant sur le Duddingston Loch* signé Raeburn (voir p. 56). On aperçoit en arrière-plan l'église de Duddingston du XIIe s. Non loin, **The Sheep Heid Inn** avec son vieux jeu de quilles est considéré comme l'un des plus vieux pubs d'Édimbourg : il a ouvert ses portes vers 1360 (43-45 The Causeway, Duddingston ; ☎ 0131 661 7974 ; www.thesheepheidedinburgh.

co.uk ; lun.-jeu. 11h-23h, ven.-sam. 11h-minuit, dim. 12h-23h).

## Le mystère des cercueils miniatures

Juin 1836. Cinq jeunes garçons en train de chasser des lapins sur Arthur's Seat font une bien curieuse découverte : 17 petits cercueils de bois contenant des poupées de bois habillées (huit sont visibles au National Museum of Scotland, Scotland Galleries, niveau 4, voir p. 52). On dénonce à l'époque un acte de sorcellerie. Une théorie récente, plus vraisemblable, explique l'existence des cercueils comme un simulacre de cimetière des 16 personnes assassinées en 1828 par les tueurs en série Burke et Hare.

**1 Queens Dr. • Renseignements : Holyrood Park Rangers Service • ☎ 0131 652 8150 • www.historic-scotland.gov.uk/ranger • Accès libre.**

# 6 Autour DE GRASSMARKET

Restos, bistrots p. 98 | Bars, clubs p. 123 | Boutiques p. 151

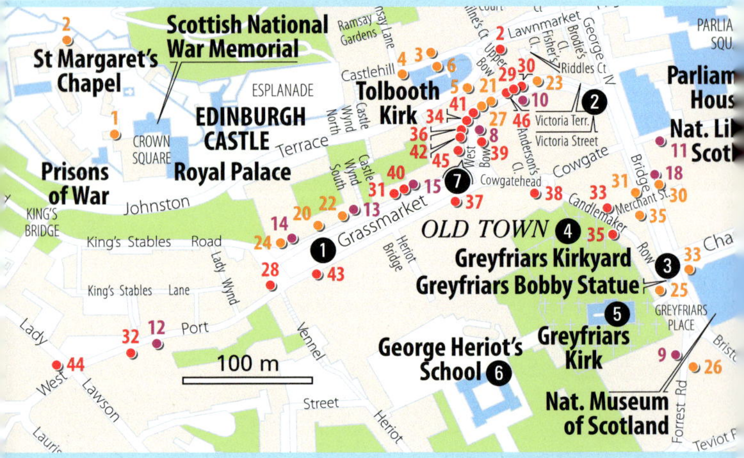


**Quartier cosmopolite et coloré, Grassmarket a le vent en poupe. Antiquaires, artisans et créateurs y côtoient une colonie de pubs et de clubs underground qui attirent une faune branchée, notamment le long de Cowgate. Victoria Street, avec ses devantures colorées qui dégringolent sur la place, est d'un pittoresque irrésistible. Envers du décor, Grassmarket fut jadis le théâtre d'épisodes dramatiques et de sombres faits divers...**

## ❶ GRASSMARKET**

Dominée par le château, cette large place pavée ceinturée de hautes maisons accueillit pendant quatre cents ans un grand marché au bétail. Lieu d'exécutions publiques, elle garde aussi en mémoire les meurtriers Burke et Hare, qui étouffaient leurs victimes dans une sombre ruelle aujourd'hui disparue.
Le quartier est bien plus convivial de nos jours, surtout lorsque les terrasses de café fleurissent sur le pavé au printemps.

## ❷ VICTORIA STREET***

On ne peut qu'être charmé par ce petit bout de rue pavée ! Animée de jour comme de nuit, elle mêle petites échoppes (bouquiniste, épiceries, créateurs...), pubs, restaurants et clubs. Pour bénéficier d'un joli point de vue, un escalier conduit à la terrasse aménagée sur les bâtiments de la partie nord (Victoria Terrace).

## ❸ GREYFRIARS BOBBY STATUE*

Sortez les mouchoirs... Bobby le petit skye-terrier était le compagnon d'un policier nommé John Gray, qui mourut en 1858. Son maître fut enterré dans le cimetière de Greyfriars et le petit chien veilla sa tombe jusqu'à sa mort, durant quatorze années ! Nourri et protégé par les habitants du quartier, Bobby devint une célébrité, son histoire fut romancée sous la plume d'Eleanor Atkinson en 1912, et une statue fut érigée en hommage à sa fidélité. Lui caresser la truffe porterait chance...

**George IV Bridge, au coin de Candlemaker Row.**

## ❹ GREYFRIARS KIRKYARD***

L'architecte de New Town James Craig et le poète Allan Ramsay reposent dans ce cimetière pittoresque à souhait. Parmi les monuments funéraires des XVII$^{e}$ et XVIII$^{e}$ s., on découvre un *mort safe*, grille qui protégeait les sépultures des voleurs de cadavres

(encadré ci-dessous), et l'église où fut signé le *National Covenant* (pétition des presbytériens contre l'Église anglicane de Charles Ier). En 1679, 1 200 covenantaires furent incarcérés dans d'horribles conditions dans la partie sud du cimetière, réputée hantée. Prenez

## Fantômes et *bodysnatchers*

Édimbourg collectionne les fantômes comme aucune autre ville dans le monde. L'une des légendes parmi les plus célèbres est celle de **sir George Mackenzie,** connu aussi sous le nom de « Bloody Mackenzie », pour avoir persécuté les covenantaires au XVIIe s. Enterré dans le cimetière de Greyfriars, il n'aurait jamais trouvé le repos...

Au XVIIIe s., la faculté de médecine avait besoin de cadavres pour faire avancer la recherche en anatomie, et la pratique du résurrectionnisme vit le jour. En échange de quelques sous, les ***bodysnatchers*** (déterreurs de cadavres) se rendaient la nuit dans les cimetières pour y déterrer des cadavres fraîchement inhumés qu'ils portaient ensuite à la porte de la faculté. Pour enrayer le phénomène, on érigea des tours de guet dans les cimetières et des cages de fer furent installées sur les sépultures, comme à Greyfriars Kirkyard.

garde en vous approchant du Black Mausoleum, habité par leur tortionnaire (encadré ci-contre)...
**Candlemaker Row • Accès libre.**

## ❺ GREYFRIARS KIRK★★★

L'église des franciscains – dits « frères gris » (Greyfriars) en raison de la couleur cendrée de leur tunique – a une particularité : le dimanche, on y célèbre une messe en gaélique qui rassemble protestants ET catholiques. Jetez un œil sur le portrait du petit chien Bobby, peint par John MacLeod en 1867, et sur les vitraux du côté est, réalisés par Ballantine & Allan en 1857. C'était une grande première à l'époque : depuis la Réforme, aucune église presbytérienne n'avait été décorée de vitraux.
**Greyfriars Pl. • ☎ 0131 225 1900 • www.greyfriarskirk.com • Avr.-oct. : lun.-ven. 10h30-16h30, sam. 11h-14h ; nov.-mars, visite sur résa uniquement • Accès libre (obole bienvenue).**

## ❻ GEORGE HERIOT'S SCHOOL★★

Au fond du cimetière de Greyfriars, on peut admirer l'un des joyaux d'Old Town. Fondé par George Heriot, orfèvre de Jacques VI, cet ancien orphelinat pour garçons du XVIIe s. est aujourd'hui l'une des écoles les plus prestigieuses du pays. Son architecture de conte de fées (tours, cheminées, portes sculptées...) aurait servi de modèle pour l'école de Poudlard dans la série des films *Harry Potter*.
**Lauriston Pl. • www.george-heriots.com • Ne se visite pas.**

## ❼ Pour une pause smoothies : Hula

On fait le plein de vitamines dans ce bar à jus de fruits ultra-cool. *Pinklady* (pomme, citron, gingembre), *Sunshine in a cup* (pêche, mangue, orange), milkshakes et *boosters* bio, détox ou antioxydants, les cocktails sont mixés à la demande. Sandwichs sur place ou à emporter, salades de fruits, bagels et *carrot cakes*.

**103-105 West Bow • ☎ 0131 220 1121 • www.hulajuicebar.co.uk • T. l. j. 8h-18h • Smoothies 3,45-4,65 £.**

# 7 Le quartier DE L'UNIVERSITÉ

Restos, bistrots p. 100 | Bars, clubs p. 125 | Boutiques p. 157

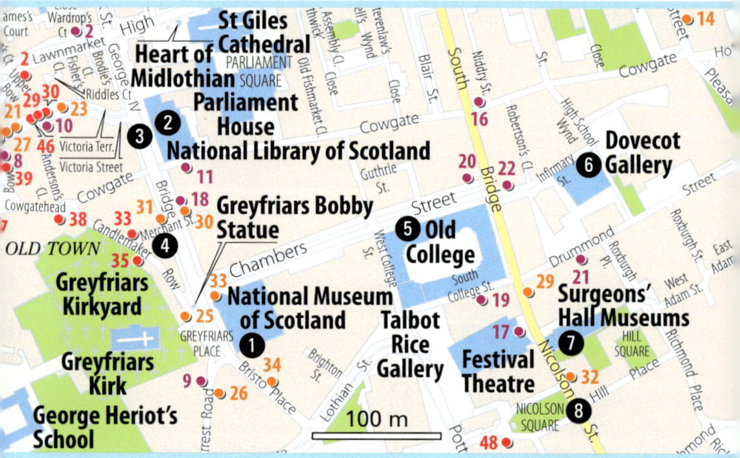


**De bonnes librairies, une vénérable université, deux musées d'histoire et l'une des plus importantes bibliothèques de Grande-Bretagne… Pas de doute, vous pénétrez dans un quartier où l'esprit s'élève. En route pour une balade intello !**

## ❶ NATIONAL MUSEUM OF SCOTLAND★★★

Impossible de s'ennuyer dans ce fascinant et éclectique musée qui a pour écrin un palais victorien aux airs de Renaissance, doublé d'un pavillon moderne dédié à l'Écosse. Vous y verrez aussi bien des squelettes de dinosaures et des animaux empaillés que des momies égyptiennes et des meubles Art nouveau. L'aile dédiée à l'histoire de l'Écosse compte parmi ses trésors les énigmatiques pièces d'échec de l'île de Lewis (XIIe s., niveau 1). Le hall victorien et le panorama depuis la terrasse (niveau 7) vous en mettront plein les yeux !

### The Grand Gallery

La majestueuse verrière du hall victorien diffuse une douce lumière

sur 800 objets du monde entier. Abritant la plus vieille télévision couleur, la galerie Discoveries célèbre les Écossais remarquables, comme l'inventeur de la pénicilline Alexander Fleming. À voir aussi : l'horloge du millénaire, mise en marche toutes les heures.

## Natural World

Un T-Rex de 12 m garde l'entrée de cette arche de Noé où cohabitent requin blanc, panda géant, lions, éléphants, albatros et animaux curieux qui semblent tirés d'un roman fantastique. Le voyage se poursuit au centre de la Terre avec une géode améthyste géante, et dans l'espace avec le plus ancien astrolabe au monde.

## World Cultures

Costumes tibétains, parka d'esquimau (en intestins d'animaux marins !), sculptures aborigènes, canoë maori et masques africains sont quelques-uns des trésors glanés dans le monde par les explorateurs écossais. La galerie Looking East (en cours de réaménagement) renferme un vase à l'effigie de Mao et des estampes japonaises.

## Art & Design

Tour d'horizon des arts décoratifs de l'Égypte ancienne à l'âge industriel : sarcophages, porcelaines de Wedgwood, robe de bal rococo, service à thé napoléonien, meubles Bauhaus, jouets vintage, instruments électroniques... C'est le grand mix !

## Science & Technology

La salle Connect vibre de robots, jeux interactifs et simulateur de formule 1 sous l'œil de Dolly, le premier animal cloné. L'évolution des communications et des transports est illustrée par des gramophones, téléphones et maquettes de bateaux.

Scotland

Répartis sur sept niveaux, reconstitutions d'intérieurs, bijoux, costumes, armes et machines racontent l'histoire de l'Écosse. Ne manquez pas la coupe de Robert Bruce, l'ancêtre de la guillotine conçue en 1565 *(Maiden)*, la cantine de Bonnie Prince Charlie (niveau 3), les œuvres de Rennie Mackintosh et les mystérieux cercueils miniatures (voir p. 47).

**Chambers St. • ☎ 0300 123 6789 • www.nms.ac.uk • T. l. j. 10h-17h • Accès libre • Visites guidées gratuites t. l. j. au départ du hall d'entrée (« Meeting point ») à 11h, 13h et 15h.**

## ❷ NATIONAL LIBRARY OF SCOTLAND*

Au 12e rang mondial en termes d'importance, la plus grande bibliothèque d'Écosse contient 14 millions de livres imprimés, plus de 100 000 manuscrits et 2 millions de cartes. La galerie au rez-de-chaussée programme d'intéressantes expositions sur les thèmes du livre, de l'imprimerie et de la littérature.

**George IV Bridge • ☎ 0131 623 3700 • www.nls.uk • Bibliothèque : lun.-ven. 9h30 (10h mer.)-20h30, sam. 9h30-13h • Galerie et café : lun.-ven. 10h-20h, sam. 10h-17h, dim. 14h-17h • Accès libre sf Reading Room • Visites guidées gratuites (45 min) à 10h30 et 14h (lun. et mer. en général).**

## ❸ GEORGE IV BRIDGE*

Construits aux XVIIIe et XIXe s., George IV Bridge et, un peu plus loin en descendant Cowgate, **South Bridge** ont un sombre passé. Leurs arches murées servaient d'entrepôt, d'atelier ou de lieu de débauche ; mais avec l'arrivée en masse d'Highlandais et de réfugiés irlandais au début du XIXe s., les souterrains sombres et humides se transformèrent en taudis où régna une misère indescriptible. Depuis leur redécouverte en 1994, on peut visiter ces tristes catacombes (voir p. 186) que les anciens locataires semblent encore habiter...

## ❹ Pour une pause intello : The Elephant House*

La pause gourmande intello ! Peuplé de statues d'éléphants et fréquenté par les étudiants, on y grignote des plats légers pour quelques pounds ou l'on philosophe devant une tasse de thé fumante dans une ambiance décontractée. Propice à la rêverie, la vue magique sur le château nous rappelle que J.K. Rowling écrivit ici les premières aventures d'un certain Harry Potter. Comptez entre 5 et 20 £.

**21 George IV Bridge • ☎ 0131 220 5355 • www.elephanthouse.biz • Lun.-jeu. 8h-22h, ven. 8h-23h, sam. 9h-23h, dim. 9h-22h.**

## ❺ OLD COLLEGE★★

L'université fondée par Jacques VI en 1582 est devenue la plus importante d'Écosse. Chef-d'œuvre d'architecture néoclassique dessiné par Robert Adam en 1789, l'édifice actuel ne fut achevé qu'en 1834 par William Playfair. Siège de la faculté de droit, il abrite également la **Talbot Rice Gallery** réputée pour ses expositions d'art contemporain et sa noble collection de peintures et de bronzes de maîtres européens (☎ 0131 650 2210 ; mar.-sam. 10h-17h ; accès libre).

**South Bridge • www.ed.ac.uk**

## ❻ DOVECOT GALLERY★★

Reconversion réussie des premiers bains publics d'Édimbourg ! Ce lieu atypique datant de 1885 est aujourd'hui un centre d'art et d'expositions conçu autour d'un atelier spécialisé dans le tissage et la tapisserie contemporaine. Un balcon permet d'observer les artistes à l'ouvrage (lun.-ven. 12h-15h, sam. 10h30-17h30 et sur r.-v.). Avant de filer, petit passage par le café et la boutique.

**10 Infirmary St. • ☎ 0131 550 3660 • www.dovecotstudios.com • Lun.-sam. 10h30-17h30 • Accès libre.**

## ❼ SURGEONS' HALL MUSEUMS★★

Dessiné par Playfair, ce temple ionique fut construit en 1832 pour accueillir le Collège royal des chirurgiens fondé par Jacques IV

en 1506. Un musée insolite y relate l'histoire de la chirurgie à Édimbourg. Parmi les planches anatomiques et les instruments de chirurgie, on découvre un masque mortuaire du tueur en série Burke. Accrochez-vous devant les vitrines du World Pathology Museum qui renferment des spécimens du XIX$^{e}$ s., organes malades, nourrissons malformés et autres crânes trépanés...

**Royal College of Surgeons, Nicolson St. • ☎ 0131 527 1649 • www.museum.rcsed.ac.uk • T. l. j. 10h-17h ; dernière entrée 30 min avant la fermeture • Entrée plein tarif : 6 £.**

## ❽ NICOLSON STREET★

À l'écart des sentiers touristiques, cette rue populaire et cosmopolite fourmille de librairies, *charity shop*, *bargain stores*, barbiers, apothicaires, cafés et petits restos bon marché. On l'arpente comme les étudiants pour avaler un tandoori ou un bol de *noodles* à petit prix, et pour dévaliser les friperies !

# 8 Le long de PRINCES STREET

Restos, bistrots p. 103 | Bars, clubs p. 128

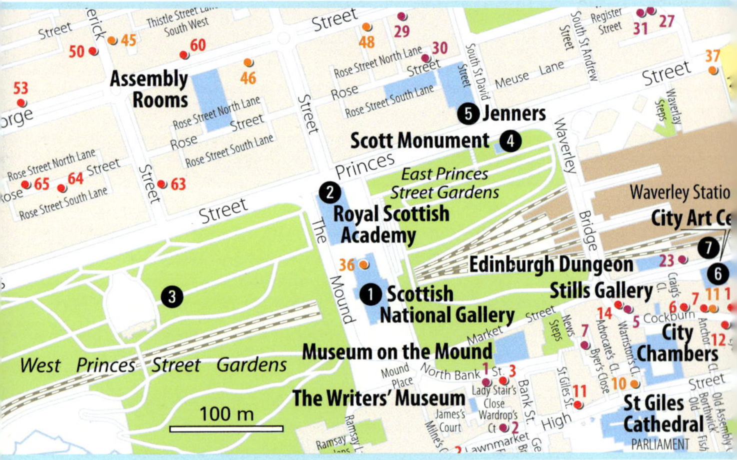


**Jungle des grands magasins, de Topshop à Marks & Spencer, l'avenue principale d'Édimbourg vit au rythme des *shoppers* et des voyageurs convergeant vers la gare de Waverley. Bien qu'elle soit bâtie seulement du côté nord, l'architecture des années 1970 a terni son élégance georgienne, mais ses jardins verdoyants, dominés par le château et les bâtisses d'Old Town, et ses temples de l'art lui confèrent un charme fou. À l'est, la tour à horloge du luxueux Balmoral Hotel se prend pour Big Ben.**

## ❶ SCOTTISH NATIONAL GALLERY★★★

Comment un si petit musée peut-il contenir autant de chefs-d'œuvre ? Cet élégant bâtiment néoclassique, dessiné par Playfair et inauguré en 1859, réunit quelques-uns des grands noms de l'art occidental (Botticelli, Raphaël...) et de dignes représentants de la peinture écossaise. À ne manquer sous aucun prétexte, *Le Révérend Robert Walker patinant sur*

*Duddingston Loch* de Raeburn, à la légèreté délicieuse.

## Le rez-de-chaussée

Belle succession de salles où rivalisent les peintures des grands maîtres européens. Morceaux choisis avec *Mars, Vénus et Cupidon* de Véronèse (salles 2-3), *Les Trois Âges de l'homme* de Titien, le *Festin d'Hérode* de Rubens et l'*Autoportrait en clair-obscur* de Rembrandt (salle 8). L'école espagnole est illustrée par Goya, le Greco, Murillo et la *Vieille femme faisant cuire des œufs* peint par Vélasquez à l'âge de 19 ans.

## Le premier étage

La première salle (escalier nord) est dévolue aux primitifs italiens, flamands et allemands. Admirez le retable de la *Sainte Trinité* d'Hugo Van der Goes sur lequel figurent Jacques III et Marguerite de Danemark (visibles lorsque les panneaux sont ouverts, t. l. j. 12h-13h) et, plus loin, *La Vierge adorant l'Enfant endormi* de Botticelli. Une deuxième section (escalier sud) aborde la peinture européenne des XVIIIe et XIXe s. et les impressionnistes français. Seurat, Renoir, Cézanne, Van Gogh (*Les Oliviers* de 1889) y côtoient le portrait de *Lady Agnew of Lochnaw* par John Singer Sargent (1892) et *Twilight* (1914) de Stanley Cursiter.

## Le sous-sol

Introduction à la peinture écossaise des XVIIIe et XIXe s. avec les fameux portraitistes édimbourgeois Allan Ramsay et Henry Raeburn et le grand paysagiste William McTaggart. Tous trois ont contribué à forger le renom de l'école écossaise qui excellait dans l'art du portrait réaliste et des paysages naturels, ceux des Highlands en particulier, avec Horatio McCulloch, qui les a inlassablement peints jusqu'à sa mort en 1867. À voir aussi : *Diane et ses nymphes*, commandé à Robert Burns (pas le poète !) en 1926 pour décorer un salon de thé de Princes St., et *Miss Helen Sowerby* de sir James Guthrie. Grouillant de petites fées nues, la *Querelle d'Obéron et de Titania* (1850) par Paton est une œuvre quasi pornographique pour l'époque victorienne...

**The Mound • ☎ 0131 624 6200 • www.nationalgalleries.org • T. l. j. 10h-17h • Accès libre.**

## ❷ ROYAL SCOTTISH ACADEMY**

Autre édifice de Playfair achevé en 1836, ce temple dorique abrite des expositions temporaires dédiées aux arts visuels et organisées par l'Académie royale ou par la National Gallery voisine. Admirez sa profusion de colonnes et, sur les toits, la statue de la reine Victoria, veillée par une paire de sphinx.

**The Mound • ☎ 0131 225 6671 • www.royalscottishacademy.org • Lun.-sam. 10h-17h, dim. 12h-17h • Accès libre ou payant selon les expositions (4-5 £).**

## ❸ PRINCES STREET GARDENS***

Prenez le temps de flâner dans ces ravissants jardins lovés à l'emplacement d'un marais, le fameux Nor'Loch, où étaient précipitées, pouces et orteils liés, les sorcières au Moyen Âge. Si la prétendue sorcière flottait, c'était la preuve de sa culpabilité, si elle coulait et se noyait, c'était la preuve de son innocence... Le marais fut comblé lors de la construction de New Town et aujourd'hui, parsemé de statues, il recèle un théâtre en plein air et

une horloge florale qui change de design chaque année depuis 1903.

## ❹ SCOTT MONUMENT★★

Conçue par George Meikle Kemp et inaugurée en 1846, cette fantaisie néogothique dont la flèche culmine à 61 m est un mémorial dédié à sir Walter Scott. Orné de 64 personnages piochés dans les romans de Scott, il renferme une statue en marbre blanc de l'écrivain et de sa chienne Maida. Du haut de ses 287 marches, on peut jouir d'une vue exquise. Voir aussi p. 89.

**East Princes Street Gardens • ☎ 0131 529 4068 • www.edinburghmuseums.org.uk • T. l. j. 10h-19h (16h oct.-mars) • Entrée plein tarif : 5 £.**

## ❺ JENNERS★★★

Rare survivante parmi les opulents magasins qui bordaient jadis la rue, la vénérable institution de Princes St. a ouvert ses portes en 1837. L'« Harrod's du Nord » où vient se fournir la gentry locale est le plus vieux *department store* de Grande-Bretagne. Une adresse historique pour acheter ses verres en cristal d'Édimbourg ou pour s'emparer des dernières folies de la mode internationale !

**48 Princes St. • ☎ 0131 260 2483 ou 0344 800 3725 • www.houseoffraser.co.uk • Lun.-mer. 9h30-18h30, jeu. 9h30-20h, ven. 9h30-19h, sam. 9h-19h, dim. 11h-18h.**

## ❻ CITY ART CENTRE★

Les collections d'art de la ville (peintures du XVIII$^{e}$ au XX$^{e}$ s., gravures, photos) sont exposées sur six étages. Le centre accueille des expositions internationales au contenu varié (plasticiens britanniques des années 1970-1980, artistes écossais contemporains, objets de films de science-fiction...). Café et boutique au rez-de-chaussée.

**2 Market St. • ☎ 0131 529 3993 • www.edinburghmuseums.org.uk • Lun.-sam. 10h-17h, dim. 12h-17h • Accès libre sf expos temporaires (tarif variable).**

## ❼ Pour une pause arty : The Fruitmarket Gallery★

Leader dans l'art contemporain, cette galerie réputée est la vitrine de l'avant-garde internationale. Après avoir pioché le dernier magazine *Frieze* dans la librairie, posez-vous dans le petit café lumineux - le Milk Café - où sont proposés de délicieux plats maison (8,95 £), des soupes, des sandwichs chauds (poulet-chorizo, saumon fumé-épinards...) et des salades type poulet cajun et aubergines grillées.

**45 Market St. • ☎ 0131 225 23 83 ou 0131 226 8195 (café) • www.cafemilk.co.uk • Lun.-sam. 11h-18h, dim. 12h-17h (café lun.-sam. 10h-17h30, dim. 10h-17h, jusqu'à 21h jeu.-sam. pendant le Festival d'Édimbourg) • Accès libre • Plat 6,95-8,95 £.**

# 9 New Town, LA VITRINE DU LUXE

Restos, bistrots p. 104 | Bars, clubs p. 128 | Boutiques p. 158

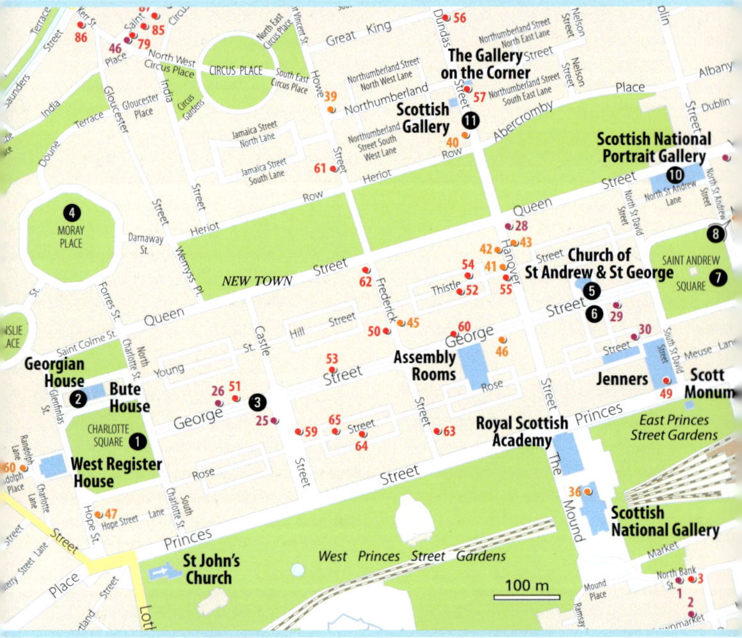


**Tracée au cordeau, la nouvelle ville georgienne aligne ses sévères façades néoclassiques. Au centre, George Street bouillonne d'animation avec ses magasins chic et ses « superbars » trendy. Non loin, on s'adonne au Rose Street Challenge, un *drinking game* qui consiste à faire la tournée de tous les pubs de Rose Street ! Une New Town plus paisible et quasiment intacte se profile au nord de Queen Street : en traversant Royal Circus Place ou Moray Estate, on s'attendrait presque à croiser Sherlock Holmes...**

## ❶ CHARLOTTE SQUARE★★★

C'est à Robert Adam que l'on doit la plus belle place de New Town. Construit entre 1792 et 1820, ce joyau de l'architecture classique est une succession de luxueux hôtels particuliers aujourd'hui occupés en majorité par des bureaux. L'ancienne église Saint-George est devenue une annexe des Archives nationales **(West Register House)** et **Bute House,** au n° 6, est la résidence officielle du Premier ministre écossais. Non loin, au 16 South Charlotte St., naquit en 1847 l'inventeur du téléphone, Alexander Graham Bell. **Pour en savoir plus sur la naissance de New Town, son histoire et ses architectes, voir p. 72-73.**

## ❷ GEORGIAN HOUSE★★★

Goûtez au mode de vie des élites de New Town en visitant cette superbe demeure georgienne, aujourd'hui propriété du National Trust of Scotland. L'imposante façade néopalladienne, dessinée en 1791 par Robert Adam, cache un intérieur typique de la fin du XVIIIe s., parfaitement restauré. De la chambre du maître de maison au somptueux salon de réception, on est fasciné par la richesse des meubles d'époque, par le raffinement des objets et par la belle collection de peintures qui comprend des portraits signés Ramsay et Raeburn.

### Le rez-de-chaussée

La salle à manger, qui a conservé sa cheminée en marbre noir, séduit par sa table dressée à la française avec de la fine porcelaine de Wedgwood et par sa remarquable horloge du XVIIe s. Le buffet contient un pot de chambre que les gentlemen utilisaient après le départ de ces dames. C'est dans la chambre attenante que la maîtresse de maison recevait les visites matinales. Le lit à baldaquin et le coffret à remèdes de 1830 méritent votre attention. Vous aurez noté que la chambre se situe au rez-de-chaussée, à l'arrière de la maison, face au jardin : c'était l'usage à Édimbourg.

### Le premier étage

Réservée aux divertissements, comme le suggère le piano,

et aux grandes occasions, la salle de réception, agrémentée d'un immense tapis aux motifs authentiquement georgiens, est la plus grande pièce de la maison. On y remarque, près de la cheminée, un paravent qui protégeait de la chaleur le maquillage - fait à base de cire - des convives. Plus intime, le parloir voisin permettait à la famille de se relaxer : lecture, travaux d'aiguille, étude du globe terrestre... On y recevait aussi les convives pour les *afternoon teas*. La maîtresse de maison conservait la clé du coffre à thé, préservant ainsi cette denrée chère de tout chapardage de la part des servantes.

## Le deuxième étage

Le film projeté au 2e étage retrace une journée type des anciens propriétaires de la maison. Le tout premier fut John Lamont, chef du clan des Lamont d'Argyllshire. Vinrent ensuite Catherine Farquharson d'Invercauld, qui avait ici huit domestiques à son service, puis le brillant avocat Lord Neaves, *sheriff* (juge) responsable dans les années 1840 des îles Orcades et Shetland, et enfin la quatrième marquise de Bute, qui en fit l'acquisition en 1927.

## Le sous-sol

Vous entrez en territoire domestique, comme le rappelle le système de cloches autrefois relié aux étages supérieurs pour appeler les servantes. La cuisine dispose d'une large cheminée dotée d'une rôtissoire, d'un four à pain et de nombreux ustensiles de cuisine.

7 Charlotte Square • ☎ 0844 493 2118 • www.nts.org.uk • Mars et nov. : t. l. j. 11h-16h ; avr.-oct. : t. l. j. 10h-17h (18h juil.-août) ; 1er-18 déc. : jeu.-dim. 11h-16h ; f. 19 déc.-fév. ; dernière entrée 45 min avant la fermeture • Entrée plein tarif : 7 £.

## ❸ GEORGE STREET**

D'une rare élégance, George St. était le centre des affaires financières. Depuis que les grandes firmes ont migré dans le nouveau quartier des affaires (The Exchange), les édifices et les banques qui la bordent ont été investis par les boutiques de mode, les bars branchés et les restaurants haut de gamme. En longeant la rue la plus huppée de la capitale, vous pourrez admirer au n° 50 les **Assembly Rooms** (1787), où la bonne société donnait des bals somptueux, et acheter des parfums royaux chez Penhaligon's, rêver devant les bijoux de luxe chez Hamilton & Inches ou succomber à une robe Karen Millen.

## ❹ MORAY ESTATE**

Une exception architecturale ! Dessiné par James Gillespie Graham au début des années 1820 pour le comte de Moray, ce quartier résidentiel est une succession de trois places bordées de splendides *townhouses* : **Randolph Crescent** en croissant de lune, **Ainslie Pl.** de forme ovale et, la plus gracieuse de toutes, **Moray Pl.,** de plan dodécagonal. Cette dernière

abrite les plus grands hôtels particuliers de la capitale.

## ❺ CHURCH OF ST ANDREW & ST GEORGE*

La première église de New Town a vu le jour en 1784. Auréolée d'un beau plafond, elle présente une nef tout à fait inhabituelle. De forme ovale, elle fut conçue « pour que le diable ne puisse pas se cacher dans les coins »... Les lieux furent le théâtre d'un événement important, *The Disruption* : en 1843, 451 pasteurs, soucieux de préserver leur indépendance spirituelle, se séparèrent de l'Église d'Écosse pour fonder l'Église libre.

13 George St. • ☎ 0131 225 3847 • www.stagw.org.uk • Lun.-ven. 10h-15h, w.-e. aux heures de culte • Accès libre.

## ❻ Pour une pause grandiose : The Dome**

Incarnation du luxe et de l'opulence, le décor de cette banque reconvertie en bar-restaurant est un bonheur pour les yeux. Le sublime dôme en verre, les colonnes grecques, les mosaïques, la profusion d'ornements et de plantes, distillent l'atmosphère d'un autre temps, idéale pour une *cup of tea*, un thé complet (23,50 £) ou un cocktail (8,50 £). Dès les beaux jours, on peut goûter à la délicieuse terrasse du Garden Café, accessible par Rose St. Magique !

**14 George St. • ☎ 0131 624 8624 • www.thedomeedinburgh.com • The Grill Room : t. l. j. 12h-minuit • The Club Room : lun.-jeu. 10h-16h, ven.-sam. 10h-minuit.**

## ❼ ST ANDREW SQUARE*

Les premières maisons de New Town furent construites ici, mais Andrew Square, fief des compagnies d'assurances et des bureaux de banque, n'a pas le faste de Charlotte Square. Toutefois, Dundas House, au n° 36, mérite le détour. Siège de la **Royal Bank of Scotland,** cette maison palladienne du XVIII$^{e}$ s. possède une sublime coupole étoilée qui vaut le coup d'œil. Dans le jardin central, un petit *coffee house* (Costa) façon kiosque vous attend au pied du Melville Monument.

## ❽ HARVEY NICHOLS***

Où diable peut-on s'habiller en Prada ? Chez Harvey Nicks, bien sûr ! Le temple de la mode réunit le meilleur du stylisme international (Jonathan Saunders, Stella McCartney, Vivienne Westwood...) et dispose d'un excellent rayon cosmétique. On finit sur une pointe de gourmandise au dernier étage avec le *food hall*, son Chocolate Lounge, son bar à sushis et son restaurant panoramique The Forth Floor (voir p. 105). *Absolutely fabulous !*

**30-34 St Andrew Square • ☎ 0131 524 8388 • www.harvey**

nichols.com • Lun.-mer. 10h-18h, jeu. 10h-20h, ven.-sam. 10h-19h, dim. 11h-18h.

## ❾ MULTREES WALK*

L'ouverture en grande pompe de Harvey Nichols en 2002 a entraîné dans son sillage l'éclosion de nombreuses boutiques de mode. Multrees Walk, la première rue à être construite à Édimbourg depuis le XVIII^e s., aligne des enseignes de luxe : Louis Vuitton, Calvin Klein, Mulberry, Emporio Armani ou encore Anne Fontaine. Pour vous remettre de vos émotions, direction Valvona & Crolla Vin Caffé au n° 11, émule de la célèbre épicerie édimbourgeoise, pour une pause gourmande bien méritée.

St Andrew Square • ☎ 0131 557 0050 • www.the-walk.co.uk.

## ❿ SCOTTISH NATIONAL PORTRAIT GALLERY***

Contraste étonnant avec l'architecture classique de New Town, cet édifice néogothique aux accents vénitiens raconte l'histoire de l'Écosse à travers les portraits de ses grands hommes. Écrivains, inventeurs, architectes, acteurs et rebelles s'exposent à tour de rôle selon un ordre chronologique et thématique. Au fil des salles, vous croiserez donc Marie Stuart, Bonnie Prince Charlie, Robert Burns (dont Alexander Nasmyth nous a laissé un attachant portrait en 1787), et Charles Rennie Mackintosh... C'est un peu l'album de famille de l'Écosse !

## Architecture

L'extérieur du bâtiment est une curiosité à part entière. Fantaisie néogothique dessinée par sir Robert Rowan Anderson dans les années 1880, cet imposant bloc de grès rouge élaboré fait songer à la fois à un palais vénitien et à une cathédrale médiévale. Prenez le temps d'observer la façade où s'accroche une myriade de statues à taille réelle représentant les héros nationaux.

## Le grand hall

Peinte par William Hole (1887-1901), la longue frise processionnelle du hall central passe en revue les grandes figures de l'Écosse du haut Moyen Âge au XIXe s. Les fresques à l'étage dépeignent de grands épisodes de l'histoire écossaise : la mission de saint Colomba auprès

des Pictes (VI$^{e}$ s.), l'arrivée de sainte Margaret à Queensferry en 1068, la bataille de Stirling Bridge en 1297, la bataille de Bannockburn en 1314, célèbre victoire de Robert Bruce contre les Anglais, ou encore la procession de mariage de Jacques IV et de Marguerite Tudor à Édimbourg en 1563.

## La collection

La visite chronologique débute au 2$^{e}$ étage avec des portraits de Jacques VI, du philosophe Hume, de l'ingénieur Watt et de l'écrivain Stevenson. Les peintres écossais Allan Ramsay, sir Henry Raeburn et David Allan sont bien représentés, mais de nombreux portraits ont été réalisés hors d'Écosse. Ainsi vous pourrez admirer le portrait inachevé des princesses Élisabeth et Anne par Van Dyck. Au 1$^{er}$ étage, une galerie est dédiée à la photographie et une superbe bibliothèque victorienne, parfaitement conservée, abrite bustes et masques mortuaires. Sean Connery, Ewan McGregor ou Gordon Ramsay illustrent les contemporains au rez-de-chaussée. Sans oublier, bien sûr, Élisabeth II en « reine d'Écosse, souveraine du très ancien et très noble ordre du Chardon ».

**1 Queen St. • ☎ 0131 624 6200 • www.nationalgalleries.org • T. l. j. 10h-17h (19h jeu.) • Accès libre (sf expos spéciales).**

## ⓫ DUNDAS STREET**

Arpentez Dundas St., réputée pour sa fabuleuse concentration de galeries d'art. Vous pourrez y acquérir des éditions limitées de gravures pour quelques centaines de livres, vous y ruiner avec la crème des artistes britanniques ou simplement rêver devant le beau et l'inaccessible. Spécialisée dans la peinture écossaise et l'artisanat contemporain (bijoux, céramiques...), la **Scottish Gallery** est la plus vieille galerie privée d'Écosse (16 Dundas St. ; ☎ 0131 558 1200 ; www.scottish-gallery.co.uk ; lun.-ven. 10h-18h, sam. 10h-16h ; accès libre).

# 10 Calton Hill ET BROUGHTON

Restos, bistrots p. 106 | Bars, clubs p. 130 | Boutiques p. 163

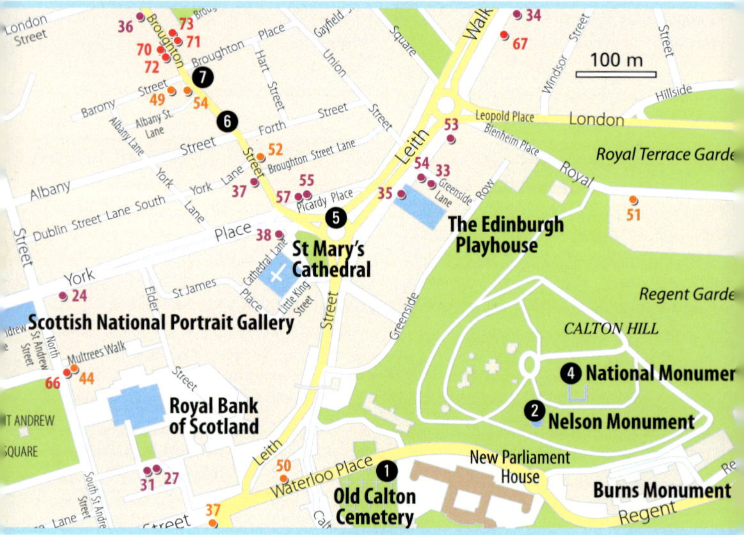


**La curieuse collection de monuments antiquisants déposée au XIXe siècle sur cette cloque volcanique confère à Calton Hill des airs d'Acropole et a valu à Édimbourg son surnom d'« Athènes du Nord ». Ce laboratoire d'expériences architecturales, bordé de somptueuses *terraces*, est l'un des plus vieux parcs publics d'Écosse. Rien ne vaut de grimper jusqu'au sommet et d'apprécier le coucher du soleil sur la ville, la mer et le Firth of Four. Exquis !**

## ❶ OLD CALTON CEMETERY★★

Derrière de hauts murs sombres se cache un cimetière au charme pittoresque. Parmi les tombes et mausolées mystérieux qui poussent chaotiquement sur la pelouse verte, on admire le mémorial néoclassique dessiné

par Robert Adam pour le philosophe David Hume. Observez l'obélisque noir, monument aux martyrs politiques, et la statue d'Abraham Lincoln, hommage aux Écossais tombés pendant la guerre civile américaine.
**Waterloo Pl. • Accès libre.**

## ❷ NELSON MONUMENT**

Du haut de ses 143 marches, on jouit d'un magnifique point de vue sur la ville. Œuvre de Robert Burns réalisée en 1815 en hommage au vainqueur de Trafalgar, cette tour à bastions est coiffée d'un ballon blanc qui grimpe au sommet d'un mât chaque jour à 13h (sf dim.). Couplée avec le tir de canon du château, elle servait de signal

horaire aux marins du Firth of Four. Non loin se dressent l'ancien observatoire aux allures de forteresse conçu par James Craig en 1792 et le nouvel observatoire construit par Playfair en 1818 sur le modèle du temple des Vents à Athènes. Le tout a été converti, en 2017, en galerie d'art contemporain.
**Calton Hill • ☎ 0131 556 2716 • www.edinburghmuseums.org.uk • Avr.-sept. : lun.-sam. 10h-19h, dim. 12h-17h ; oct.-mars : lun.-sam. 10h-15h • Entrée plein tarif : 5 £.**

## ❸ BURNS MONUMENT*

À Édimbourg, l'époque georgienne avait un faible pour la Grèce. L'architecte Thomas Hamilton aussi : pour rendre hommage au grand poète Robert Burns (1759-1796), pionnier du romantisme écossais, il érigea en 1839 ce monument circulaire inspiré

d'un temple d'Athènes. Détails touchants : l'édifice est tourné vers le cimetière de Canongate, où repose Agnes MacLehose, chère au cœur de Burns. Les campanules et digitales tout autour ne sont pas non plus le fruit du hasard : c'étaient ses fleurs préférées.

**Regent Rd, côté sud • Pas d'accès mais bien visible depuis la route.**

## ❹ NATIONAL MONUMENT*

Faute de fonds, le monument aux morts des guerres napoléoniennes conçu par Playfair ne fut jamais achevé. De l'ambitieux projet qui devait être une copie du Parthénon d'Athènes, seules douze colonnes posées sur un socle ont vu le jour en 1822. Dès lors, le National Monument fut moqué et appelé « la Disgrâce d'Édimbourg ». Aujourd'hui, cette ruine étrange est très appréciée des Édimbourgeois. **Pour en savoir plus sur les particularités architecturales de Calton Hill, voir p. 73.**

Calton Hill.

## ❺ PICARDY PLACE*

L'animation qui règne sur cette place tranche avec la quiétude de Calton Hill. Reliant New Town à Leith, elle est bordée par le centre commercial Saint-James, le *department store* John Lewis, le populaire Playhouse Theatre et le complexe de verre Omni Centre qui abrite un cinéma et des *car boot sales* (vide-greniers) dans son parking (dim. matin). Devant la St Mary's Cathedral, le *Manuscrit de Monte Cassino*, main géante dans laquelle copule une paire de sauterelles, est une sculpture de Paolozzi. À sa droite se dresse le sympathique pub Conan Doyle (voir p. 132).

## ❻ BROUGHTON STREET★★

Repaire de la jeunesse cool et créative, ce petit bout de rue aligne boutiques arty, épiceries bio, bars gays et gastropubs branchés. Pour un shopping alternatif, allez cueillir des accessoires de jeunes créateurs chez Concrete Wardrobe (voir p. 165) et succomber aux délires de tweed de Joey D (voir p. 165). Broughton St. est, avec Picardy Pl., au cœur du *Pink Triangle* (voir p. 131).

## ❼ Pour une pause qui réveille les neurones : Artisan Roast★

Les Édimbourgeois ne jurent que par les cafés fraîchement torréfiés d'Artisan Roast, un sympathique *coffee house* où l'on avale son petit noir (2 £) ou son *latte* (2,50 £) en lisant le journal ou en écoutant papoter les habitants du coin, qui s'y croisent à toute heure. On peut s'installer confortablement dans une arrière-salle ceinturée de banquettes.

**57 Broughton St. • ☎ 0795 635 5054 • www.artisanroast.co.uk • Lun.-jeu. 8h-19h30, ven. 8h-18h30, sam.-dim. 9h-18h30.**

# New Town, la ville georgienn[e]

**New Town, créée de toutes pièces à partir du XVIIIe siècle par les meilleurs architectes de l'époque, déploie ses rangées de demeures et de monuments néoclassiques, ses squares fleuris et ses places en ellipse ou en demi-lune. Classée au Patrimoine de l'humanité - comme Old Town -, New Town constitue l'ensemble le plus vaste et le mieux préservé d'architecture georgienne en Europe.**

## UN NID DE GÉNIES

Capitale des Lumières écossaises *(Scottish Enlightment)*, Édimbourg connaît à la fin du XVIIIe s. un bouillonnement intellectuel sans précédent, un âge d'or qui produit une foule de poètes, d'écrivains, de scientifiques, d'architectes et d'ingénieurs. Clubs et sociétés savantes foisonnent, comme la Select Society fondée par le philosophe **David Hume,** l'économiste **Adam Smith** et le poète **Allan Ramsay** (père du célèbre peintre du même nom). Les penseurs se réunissent dans les tavernes où naissent des idées et des théories qui se propagent en Europe grâce aux revues littéraires comme *Edinburgh Review.* Hume invente la « science de l'homme », James Hutton pose les bases de la géologie moderne, Smith formule les règles de l'économie de marché. Dans ce contexte des Lumières, Old Town, surpeuplée (50 000 personnes s'entassaient sur 55 ha !), insalubre et désordonnée, ne correspond pas au cartésianisme ambiant...

## LA CITÉ IDÉALE D'UN JEUNE INCONNU

Un projet d'expansion de la ville vers le nord voit le jour dès le milieu du XVIIIe s. L'idée ? Offrir un cadre de vie sain à l'élite édimbourgeoise et s'im-

### L'architecture georgienne

Colonnes, chapiteaux, frontons, frises, portiques, médaillons... La vogue était alors au néoclassique. Uniformité et géométrie de rigueur, les alignements de maisons georgiennes aux façades sombres et dépouillées dégagent une grande austérité, les éléments décoratifs se résumant le plus souvent aux fenêtres en éventail couronnant les portes et aux balcons ouvragés. Réalisée par Robert Adam (auteur d'Old College, p. 54), la face nord de **Charlotte Square** (p. 61) est la plus belle réussite néoclassique de la ville. Les intérieurs étaient bien plus exubérants, comme en témoigne **Georgian House** (p. 61), véritable débauche d'élégance !

poser comme la capitale de l'art et du raffinement. En 1767, un concours d'urbanisation est lancé et remporté par un architecte inconnu de 23 ans, **James Craig.** Géométrique et harmonieux, son projet consistait en trois rues parallèles, Princes St., George St. et Queen St., délimitées par deux grandes places, St Andrew Square et St George Square (future Charlotte Square). New Town symbolisait ainsi l'union de l'Écosse et de l'Angleterre (Acte d'union de 1707), représentées par leurs saints patrons et leurs emblèmes nationaux, la rose et le chardon (Rose St. et Thistle St.). Le projet fut réalisé en plus de cinquante ans, entre 1767 et 1820, et sa réussite doit beaucoup au génie des frères Adam, en particulier de **Robert Adam,** l'un des plus brillants architectes de son époque.

## L'EXPANSION DE NEW TOWN

New Town devient vite le quartier à la mode, et plusieurs projets d'expansion sont lancés au début du XIX$^{e}$ s. au nord de Queen St. et à l'ouest (West End). Il s'agit cette fois de quartiers purement résidentiels, présentant une plus grande unité architecturale. Le plan reprenait aussi un quadrillage strict, aéré de places comme le monumental **Moray Estate** (p. 63) de James Gillespie et le surprenant **Royal Circus** (p. 60) dessiné par William Playfair. Ce dernier signe également les somptueuses *terraces* (rangées de maisons contiguës) aménagées sur Calton Hill, Royal Terrace et Regent Terrace. La ville georgienne va s'étendre jusqu'à engloutir les vieux villages de Dean et de Stockbridge.

## L'ATHÈNES DU NORD

Après Rome, les ruines romantiques de la Grèce antique vont inspirer les architectes de l'époque victorienne. **Calton Hill** (p. 68) se pare de monuments copiés sur les grands monuments d'Athènes comme le Parthénon **(National Monument),** le temple des Vents (nouvel observatoire), le monument chorégique de Lysicrate (**Burns Monument,** p. 69) et le temple de Thésée **(Royal High School).** Dans le même temps, les deux temples de l'art que sont la **Scottish National Gallery** et la **Royal Scottish Academy,** signés Playfair, émergent sur le Mound (p. 31). Tous ces monuments ont valu à Édimbourg son surnom d'« Athènes du Nord ».

# 11 Dean Village ET LE WEST END

Restos, bistrots p. 108 | Bars, clubs p. 132 | Boutiques p. 166

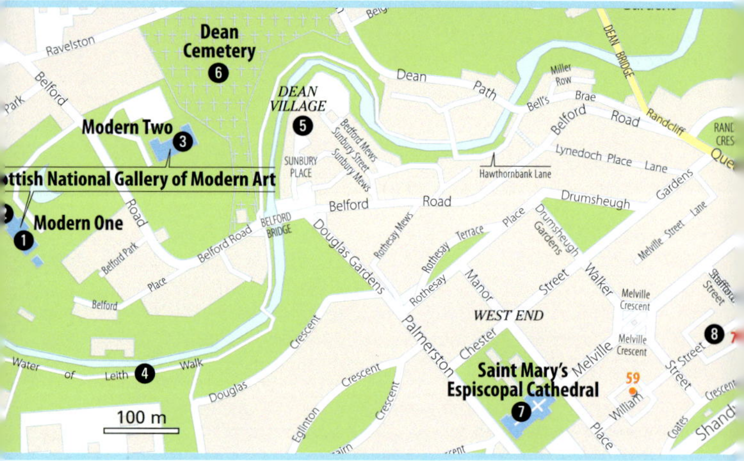


**Souvent peu exploré, l'ouest d'Édimbourg, partagé entre la rigueur architecturale de New Town et le charme sauvage de la vallée de la Leith, cache un petit village de carte postale posé sur les eaux et deux galeries d'art cernées de parcs verdoyants. Dans ce quartier préservé de l'agitation du centre-ville pourtant si proche, le temps semble être suspendu…**

## ❶ SCOTTISH NATIONAL GALLERY OF MODERN ART - MODERN ONE★★

Des coloristes écossais au cubisme en passant par les Nabis et le pop art, la galerie passe en revue les grands courants de l'art des XX$^{e}$ et XXI$^{e}$ s. La collection est exposée par roulement et comprend des œuvres de Picasso, Magritte, Warhol, Damien Hirst, ainsi que les *Touristes* de Duane Hanson et la *List of Names* de toutes les personnes rencontrées par Douglas Gordon. Devant l'entrée, on est ébloui par la beauté du jardin sculpté *(Landform)* par Charles Jencks.

## ❷ Pour une pause cantine : Café Modern One*

La Modern One cache un café (au sous-sol) très populaire pour le lunch. Sandwichs, salades, soupes et pommes de terre garnies ravissent les papilles, et la terrasse est un vrai bonheur quand le soleil est de la partie. Pour un menu plus élaboré ou un *afternoon tea*, optez pour le café de la Modern Two, inspiré des cafés viennois et décoré d'œuvres d'art.

**Scottish National Gallery of Modern Art - Modern One, 75 Belford Rd • ☎ 0131 332 8600 • www.heritageportfolio.co.uk • Lun.-ven. 9h-16h30, sam.-dim. 10h-16h30 • Salade 2,50-7 £, sandwich 6,25 £.**

75 Belford Rd • ☎ 0131 624 6200 • www.nationalgalleries.org • T. l. j. 10h-17h (18h en août) • Accès libre aux collections permanentes.

## ❸ SCOTTISH NATIONAL GALLERY OF MODERN ART - MODERN TWO**

Dans un orphelinat des années 1830, les expositions temporaires de la Modern Two valent le détour. Au rez-de-chaussée, morceaux choisis de la collection permanente (art dadaïste, surréaliste...), œuvres léguées par l'Écossais sir Eduardo Paolozzi et son atelier londonien minutieusement reconstitué. À voir, la statue de Vulcain haute de 7 m dans le café, et le *Stairwell Project* de Richard Wright dans l'escalier.

73 Belford Rd • ☎ 0131 624 6200 • www.nationalgalleries.org • T. l. j. 10h-17h (18h en août) • Accès libre aux collections permanentes.

## ❹ WATER OF LEITH WALK**

Sans doute l'une des plus belles balades qu'offre Édimbourg. Depuis la Scottish National Gallery of Modern Art - Modern Two, longez le ravissant sentier fléché qui longe la rivière pour rejoindre Stockbridge. En chemin, vous admirerez le petit village de Dean, Dean Bridge, immense pont des années 1830, la grandeur des façades de New Town et St Bernard's Well, une jolie rotonde dorique dédiée à Hygie.

**Entrée par Belford Rd • www.waterofleith.org.uk • En cours de réhabilitation suite à des glissements de terrain (2016).**

## ❺ DEAN VILLAGE**

Le paisible village de Dean (*Dene* signifie « vallée, ravin » en écossais) fut fondé au XII$^{e}$ s. par les chanoines de l'abbaye de Holyrood. Une corporation de boulangers y faisait fonctionner onze moulins à eau. Le petit pont et les maisons de pierre du XVII$^{e}$ s. donnent son cachet à l'endroit. Parmi elles, l'étonnante cité ouvrière de Well Court, surmontée d'une tour à l'horloge, est une réalisation philanthropique de 1884.

**Visites guidées du « Village » : 3 £ • Dates sur www.deanvillage.org**

## ❻ DEAN CEMETERY★★★

Ce magnifique cimetière d'époque victorienne évoque un décor de film de Tim Burton. Une végétation généreuse enveloppe d'incroyables monuments, obélisques, pyramides, tombeaux rehaussés d'une profusion d'ornements et statues d'anges. Non loin, la superbe silhouette flanquée de tours et de tourelles du Stewart's Melville College.

**63 Dean Path • ☎ 0131 332 1496 • www.deancemetery.org.uk • T. l. j. 9h-17h.**

## ❼ ST MARY'S EPISCOPAL CATHEDRAL★★

Sir George Gilbert Scott s'est inspiré des abbayes médiévales pour réaliser la plus grande cathédrale d'Écosse, chef-d'œuvre néogothique achevé en 1879. La voix des anges du célèbre chœur St Mary résonne pendant les grandes messes et les festivals (voir p. 123).

**Palmerston Pl. • ☎ 0131 225 6293 • www.cathedral.net • T. l. j. 8h-18h.**

## ❽ WILLIAM STREET ET STAFFORD STREET★

Ces rues commerçantes du West End recèlent une poignée de jolies boutiques de mode (Frontiers Woman, p. 166), de déco (Studio One, p. 167, Remus, p. 167) et de cadeaux (Paper Tiger, p. 166). William St. a conservé plusieurs devantures georgiennes et sert fréquemment de décor aux films d'époque.

# 12 Stockbridge, VERT ET BOHÈME

Restos, bistrots p. 110 | Bars, clubs p. 135 | Boutiques p. 167

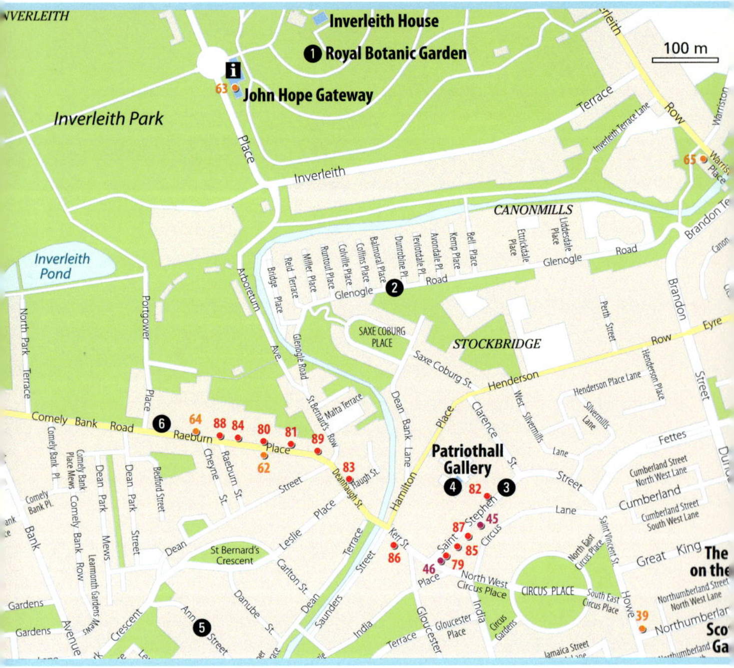


**Ancien village englouti par New Town au XIXe siècle, Stockbridge, le plus souvent ignoré des touristes, a conservé un caractère authentique. Prisé des jeunes bobos séduits par des loyers moins élevés que dans le centre-ville, ce quartier coloré mêle *charity shops*, pubs rétro, boutiques trendy, galeries d'art inspirées et bistrots modernes. Une vie de quartier sans fard à goûter en toute simplicité et, à deux pas, l'un des plus beaux jardins de Grande-Bretagne.**

## ❶ ROYAL BOTANIC GARDEN★★★

Laboratoire de recherche mais aussi conservatoire, le Jardin botanique est devenu l'une des balades préférées des Édimbourgeois. Il est vrai que ses 28 ha de verdure, colonisés par de petits écureuils gris, sont un émerveillement qui se renouvelle à chaque saison. Il y a là une élégante serre à palmiers, un jardin chinois, une promenade parfumée par les rhododendrons et un Scottish Heath Garden qui recrée une parcelle des Highlands. Dans la boutique située à l'entrée ouest, on peut glaner petits cadeaux, livres et... plantes !

### Le premier jardin d'Écosse

À l'origine, le Royal Garden était un jardin de plantes médicinales : il fut créé à Holyrood en 1670 par deux médecins édimbourgeois, puis transféré à Leith avant de se déployer en 1820 sur les terres vallonnées de Inverleith pour échapper à la pollution de la ville. C'est le plus vieux jardin écossais de ce type et le deuxième de Grande-Bretagne après celui d'Oxford.

### Les jardins

Merveille de sérénité bercée par le murmure de l'eau, le jardin chinois déploie une fabuleuse collection d'espèces sauvages, la plus grande après la Chine, le long de chemins sinueux. Non loin, l'Arboretum regroupe une collection d'arbres riche de 2 000 spécimens. Le Rock Garden, jardin de rocaille agrémenté de chutes d'eau, est un petit coin de montagne qui fascine à toutes les saisons. Toute la nature sauvage de l'Écosse est concentrée dans le Heath Garden, oasis de bruyères et de pins écossais.

### Les serres

Les Glasshouses vous entraîneront dans un voyage

végétal autour du monde, vous projetant d'une serre à l'autre dans une forêt tropicale ou une région désertique. Vous y découvrirez une importante collection de rhododendrons, des plantes carnivores, des espèces de fleurs aussi vieilles que les dinosaures, de superbes orchidées et des nénuphars géants. La visite débute par la Palm House, splendide serre à palmiers de style victorien (1858).

### Inverleith House

Bâti en 1773 pour la famille Rocheid, alors propriétaire de tout le domaine de Inverleith, cet austère manoir de trois étages servit longtemps de résidence au directeur du Jardin botanique. De 1960 à 1984, il fut annexé par la Scottish National Gallery of Modern Art (voir p. 74). Aujourd'hui, il accueille surtout des expositions monographiques d'artistes contemporains, écossais et internationaux, et ménage une superbe vue sur la ville.

### Botanic Cottage

C'est dans ce charmant cottage georgien que le naturaliste John Hope, grande figure des Lumières, enseignait la botanique aux étudiants en médecine. À cette époque, la maison donnait sur le Leith Walk. Il était prévu de la raser mais, en 2016, elle a été démontée pierre par pierre et reconstruite ici d'après les plans originels de 1764.

**Arboretum Pl. • ☎ 0131 552 7171 • www.rbge.org.uk • T. l. j. 10h-18h (16h nov.-janv., 17h fév. et oct.) ; fermeture des serres 30 min avant ; f. 1er janv. et 25 déc. • Accès libre sf serres : 5,50 £ • Visites guidées du jardin avr.-oct. t. l. j. à 11h et 14h (6 £).**

## ❷ GLENOGLE ROAD★★

Atypique ! Coincées entre la Water of Leith et Glenogle Rd, les « Colonies » de Stockbridge sont d'anciennes maisonnettes d'artisans flanquées d'un jardinet et entassées le long d'étroites ruelles parallèles. Construites en 1861, certaines d'entre elles arborent en façade le symbole de petits métiers parfois oubliés.

## ❸ ST STEPHEN STREET★★

QG des hippies dans les années 1970, c'est l'une des rues les plus séduisantes de Stockbridge, avec ses vieux pubs en sous-sol, ses boutiques de fringues vintage et ses échoppes d'antiquaires. Pour les petits creux, il y a l'option burger au Bell's Diner (n° 7), une institution à Édimbourg. Jetez un œil à la vieille porte du marché aujourd'hui disparu et poursuivez la balade le long de Kerr St., Deneaugh St. et Raeburn Pl., colonisées par les friperies.

## ❹ PATRIOTHALL GALLERY**

Reconvertie en lieu arty, cette ancienne boulangerie industrielle empile une cinquantaine de studios d'artistes ainsi qu'une galerie d'exposition permettant de découvrir les travaux de talents émergents, de la peinture à l'art digital. Ce lieu insolite n'est ouvert que lors des expositions, une vingtaine par an, et au mois d'août pour le Festival.

**1d Patriothall, Hamilton Pl. (juste en face de l'Armée du Salut/Salvation Army) • ☎ 0131 226 7126 • www.patriothallgallery.co.uk • Ouv. pour les expos (consulter le site) • Accès libre.**

## ❺ ANN STREET***

En 1813, le peintre Henry Raeburn vend des parcelles de terrain dans cette rue qu'il baptise du prénom de sa femme, Ann, et qui est aujourd'hui considérée comme la plus jolie rue d'Édimbourg. Ses demeures exhalent le charme des maisons de poupée et sont précédées de jardins fleuris, une exception notable que l'on retrouve rarement dans les rues georgiennes.

## ❻ Pour une pause pique-nique : Herbie of Edinburgh*

Un petit *deli* de quartier très apprécié et tout à fait recommandé pour remplir son panier en prévision d'un pique-nique au Jardin botanique. Délicieux pains frais maison, charcuterie, vins, olives et fromages de qualité proviennent de petits producteurs.

**66 Raeburn Pl. • ☎ 0131 332 9888 • Lun.-ven. 9h-19h, sam. 9h-18h.**

# 13 Leith, L'APPEL DU LARGE

Restos, bistrots p. 112 | Bars, clubs p. 135 | Boutiques p. 171

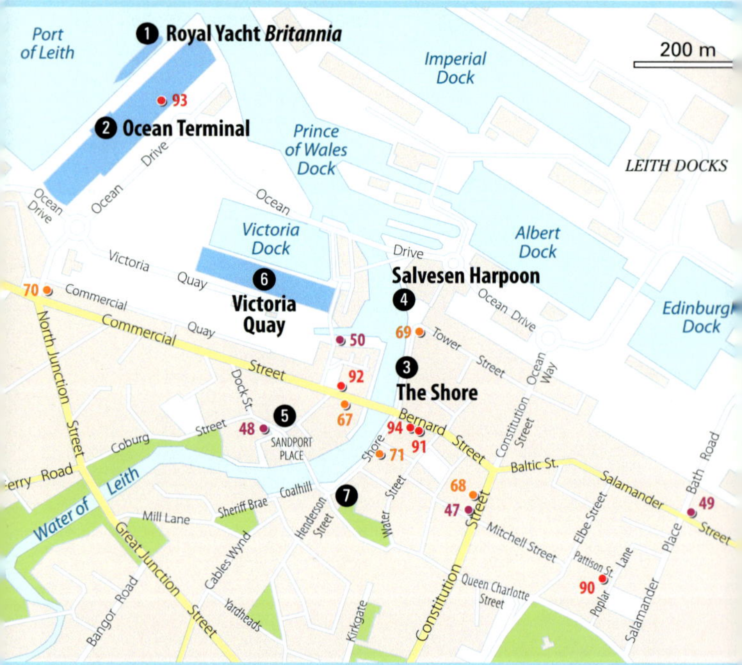


**Rattaché à Édimbourg en 1920, le port historique de Leith tomba en désuétude après la Seconde Guerre mondiale. Rendu célèbre par le roman d'Irvine Welsh *(Trainspotting)*, le quartier, sinistre, renaît de ses cendres. Parmi les édifices maritimes, les entrepôts victoriens et les immeubles de luxe, on goûte à l'âme d'un quartier à part où les vieilles tavernes aussi authentiques que leur clientèle côtoient restaurants chic et bars branchés.**

## Comment y aller ?

Plusieurs lignes de bus relient le centre-ville d'Édimbourg à Leith selon l'endroit où vous vous trouvez : la ligne 11 va du sud au nord, les lignes 34 et 35 relient l'ouest de la ville à Leith. La plus commode est la ligne 22, qui relie toutes les 10 min Princes St. à Ocean Terminal. Enfin, le bus 36 permet de rejoindre Ocean Terminal à partir du Palace of Holyroodhouse. Pensez à consulter le site Internet : www.lothianbuses.com

## ❶ ROYAL YACHT *BRITANNIA****

L'ancien yacht royal, qui fut longtemps la vitrine de la Grande-Bretagne dans le monde, est amarré à Leith depuis 1997. Dès son inauguration en 1953, il fut utilisé pour les visites officielles, les vacances et les lunes de miel. Il a compté parmi ses hôtes illustres Churchill, Mandela et Clinton. Quarante-cinq domestiques, 5 t de bagages et une Rolls Royce accompagnaient la reine à chacun de ses voyages. La visite vous transportera de la timonerie à la chambre de la reine en passant par les somptueuses salles de réception et la salle des machines.

### Visitor Centre

Avant de monter à bord, une exposition évoque l'histoire, le rôle et la vie à bord du *Britannia* au moyen de plans, de photographies, d'instruments de navigation et de vidéos. On y apprend que le yacht a parcouru plus d'un million de miles, abordé 600 ports, et

que la reine a effectué à son bord près de 700 voyages en quarante-quatre ans de navigation.

### Les appartements royaux

Vous serez surpris par la sobriété des pièces royales, qui font davantage songer à une maison de campagne qu'à un palais. La chambre de la reine en particulier, qui n'a pas changé depuis 1953, est d'une simplicité étonnante. La véranda à l'atmosphère hitchcockienne était son lieu préféré. Elle y prenait ses petits déjeuners et le thé de l'après-midi.

### Les salles de réception

La somptueuse salle à manger d'État est la plus grande pièce du bateau et servait tour à tour de salle de banquet, de cinéma ou de chapelle. Elle renferme une étonnante collection de cadeaux offerts à la reine lors de ses visites officielles. Lieu de réunion familiale ou de réjouissances pour les convives, le grand salon renferme toujours le piano sur lequel aimait jouer la princesse Diana.

### Les quartiers du personnel

Vous visiterez la suite de l'Amiral, les cabines et le carré des officiers. Les quartiers de l'équipage nous laissent imaginer les conditions spartiates dans lesquelles vivaient les 220 marins du yacht. Après avoir admiré la rutilante salle des machines, jetez un œil à la luxueuse barge royale.

**Ocean Terminal, 2e étage (accès par le centre commercial) • ☎ 0131 555 5566 • www.royalyachtbritannia.co.uk • Nov.-mars : t. l. j. 10h-15h30 (dernière entrée) ; avr.-juin et oct. : t. l. j. 9h30-16h ; juil.-sept. : t. l. j. 9h30-16h30 • Entrée plein tarif : 15 £.**

## ❷ OCEAN TERMINAL*

Sans doute le symbole le plus parlant du renouveau de Leith, ce complexe commercial géant a presque les pieds dans l'eau. Il dispose d'un cinéma, d'un grand espace de restauration et de 75 boutiques réparties

sur trois étages parmi lesquelles les grands magasins Debenhams et BHS, et les enseignes Topshop, GAP, French Connection et Marks & Spencer Simply Food. Idéal pour « shopper » les jours de pluie !
**☎ 0131 555 8888 • www.oceanterminal.com • Lun.-ven. 10h-20h, sam. 10h-19h, dim. 11h-18h.**

## ❸ THE SHORE**

Prenez le temps de flâner le long des vieux quais colorés et paisibles qui embrassent la Water of Leith. Avant la construction des docks voisins dans la seconde moitié du XIXe s., c'était le port principal où faisaient étape des navires du monde entier. Les quelques bateaux qui y mouillent encore ajoutent au charme romantique de cette rive pavée, aujourd'hui colonisée par les bars et les meilleurs restaurants de fruits de mer de la ville.

## ❹ SALVESEN HARPOON

Peut-être serez-vous intrigué(e), sur le bord du quai, par l'arme grise braquée vers le large. Il s'agit d'un harpon utilisé par les baleiniers de Leith. À la fin du XIXe s., le Norvégien Christian Salvesen, fondateur à Leith d'une importante compagnie de navigation, avait créé une flottille spécialisée dans la chasse à la baleine en Antarctique. L'huile du cachalot servait à lubrifier

les machines, celle du rorqual à éclairer les rues. Cette industrie prit (heureusement !) fin en 1962.
**The Shore.**

## ❺ KINLOCH ANDERSON**

Établi en 1868, ce spécialiste du kilt, du tartan et du costume des Highlands peut s'enorgueillir de fournir la famille royale mais aussi Burberry, Harrods et Prada en tweeds de la meilleure qualité... Une exposition de poche donne un aperçu de la production de la maison ainsi que des tartans qu'elle a récemment conçus pour la compagnie Caledonian Airways, le journal *The Scotsman* ou l'université de St Andrews. Derrière la vitre, vous verrez les couturiers plisser et coudre les kilts dans les règles de l'art.
**4 Dock St. • ☎ 0131 555 1390 • www.kinlochanderson.com • Lun.-sam. 9h-17h30.**

## ❻ VICTORIA QUAY*

Ce colossal bâtiment de 35 000 m², que l'on appelle « VQ » pour faire court et que l'on voit bien depuis Ocean Dr., est l'un des sièges du gouvernement écossais. Il a été conçu par l'architecte Robert Matthew et inauguré par la reine en 1996. Les mauvaises langues soulignent qu'il est aussi long que le *Titanic* ! Sa construction, en tout cas, a

## ❼ Pour une pause thé au bord de l'eau : Mimi's Bakehouse*

Ce salon de thé *girly* décline une charmante déco de boudoir en noir et bleu, rehaussée de papier peint pin-up et de sofas Chesterfield. Sous les cloches, les gâteaux maison de la famille Phillips (scones à partir de 2,60 £, *shortbreads*, rochers noix de coco...) font saliver les gourmands avant d'entamer un *afternoon tea* à base de scones crémeux et de minisandwichs (15 £). Petit déjeuner et plats pour le lunch (autour de 9 £).

**63 Shore • ☎ 0131 555 5908 • www.mimisbakehouse.com • Lun.-ven. 9h-17h, sam.-dim. 9h-18h.**

redynamisé le quartier des docks : il y a maintenant plusieurs cafés-restaurants sympas le long du Commercial Quay, dont The Kitchin au n° 78, classé parmi les meilleures tables du royaume (www.thekitchin.com ; mar.-sam. 12h15-14h30 et 18h30-21h30).

**Victoria Quay • ☎ 0131 244 7412 • Ne se visite pas.**

# Cité des lettres

**De la poésie makar à la littérature trash d'Irvine Welsh, Édimbourg a toujours occupé le devant de la scène littéraire écossaise. Berceau des Lumières écossaises (p. 72-73), vivier de poètes et d'écrivains, elle a inventé le roman historique, le thriller psychologique, le genre détective, et accouché de héros universels tels Peter Pan, Sherlock Holmes ou Harry Potter. Un riche héritage qui a valu à la ville d'être désignée en 2004 « capitale de la littérature » par l'Unesco.**

## L'AMOUR DES LIVRES

C'est dans ce berceau de l'imprimerie écossaise (1508) que fut publié en 1768 la célèbre *Encyclopaedia Britannica*. La ville peut s'enorgueillir d'abriter l'une des plus prestigieuses universités d'Europe et le plus grand festival du livre des îles Britanniques (p. 138). Elle compte 140 bibliothèques, 80 maisons d'édition et 45 librairies. Statues, plaques, mémoriaux... partout, elle célèbre ses écrivains et a même son Hollywood Boulevard : Makar's Court (près du Writers' Museum, p. 31), dont le sol est recouvert de citations et d'empreintes de grands écrivains écossais. Les *book lovers* pourront suivre l'une des visites guidées littéraires (p. 186), profiter des expos de la **National Library of Scotland** (p. 54), assister à des lectures au **Scottish Storytelling Centre** (p. 121) et pister les événements littéraires sur www.cityofliterature.com

### Sur les traces de Harry Potter

J.K. Rowling a écrit les premières aventures de Harry Potter dans le café **The Elephant House** (p. 55), d'où elle avait une vue directe sur **Edinburgh Castle** (p. 23). Avec **Fettes College** (Carrington Rd, A1-2) et **George Heriot's School** (p. 51), le château aurait inspiré l'école de sorcellerie de Poudlard. Les noms des personnages ont été piochés dans le **cimetière de Greyfriars** (p. 49), et la saga a été achevée dans la suite 552 du **Balmoral Hotel** (p. 103).

## BURNS, SCOTT ET STEVENSON

Les trois grands auteurs nationaux sont célébrés au **Writers' Museum** (p. 31). Le Burns Monument (p. 59) au pied de Calton Hill rend hommage au poète paysan chéri des Écossais. **Robert Burns** (1759-1796) a compilé et écrit 200 ballades en langue *scots* dans la lignée des poètes édimbourgeois Allan Ramsay et Robert Fergusson (voir

Canongate Kirk p. 38). À cet auteur traduit dans cinquante langues, on doit une ode au haggis (p. 67) et l'universel *Auld Lang Syne*, l'hymne du Nouvel An. Père du roman historique, l'Édimbourgeois **sir Walter Scott** (1771-1832) a donné une identité à l'Écosse à travers ses nombreux romans *(Rob Roy, Ivanhoé, Le Cœur du Midlothian...)* et inspiré Balzac et Hugo. Édimbourg a baptisé sa gare d'un roman de Scott, *Waverley*, et élevé à sa mémoire le plus grand monument jamais réalisé pour un écrivain (p. 59) ! L'auteur de *L'Île au trésor*, **Robert Louis Stevenson** (1850-1894), a lui aussi grandi à New Town. Étudiant, il boude les bancs de l'université, préférant arpenter les rues mystérieuses d'Old Town. La dualité de sa ville natale, schizophrénie architecturale et sociale, lui inspire son plus célèbre roman, *L'Étrange Cas du Dr Jekyll et M. Hyde*, et va le hanter jusqu'à sa mort dans les îles Samoa.

## LA MUSE DES ÉCRIVAINS

Mine d'anecdotes historiques et de faits divers, la sombre cité a de quoi enflammer l'imaginaire. Plus de 500 essais ont été écrits à son sujet ! **Arthur Conan Doyle**, né à Picardy Pl. (p. 70), a été inspiré par son professeur de médecine, le Dr Joseph Bell, pour son personnage de Sherlock Holmes (pistez-le au Surgeons' Hall Museums, p. 55). On retrouve les *serial killers* Burke et Hare (p. 48) dans *The Body Snatcher* de Stevenson, et Dr Jekyll et M. Hyde n'est autre qu'un habitant d'Old Town, Deacon William Brodie. **Eleanor Atkinson** s'est emparée de l'histoire poignante d'un petit chien pour son *Greyfriars Bobby* (p. 49). Le *Frankenstein* de Mary Shelley, *The Prime of Miss Jean Brodie* de Muriel Spark, les aventures de l'inspecteur Rebus (pilier de l'Oxford Bar au 8 Young St.) de Ian Rankin et le *Trainspotting* de Irvine Welsh, qui décrit le Leith des junkies (p. 82), se déroulent tous à Édimbourg. Parmi les auteurs nés ou ayant vécu à Édimbourg, on pourra encore citer **Daniel Defoe**, qui vécut à Moubray House (p. 35), **James Barrie**, le créateur de *Peter Pan*, qui fréquenta Old College (p. 54), **Charles Dickens** (p. 41) et plus récemment **Iain Banks** et **Alexander McCall Smith.**

# Restos & bistrots

## PAR QUARTIER

# Les coups de cœur DE NOTRE AUTEUR

**Difficile de faire son choix tant il y a de restos et de cafés à Édimbourg. Valeurs sûres ou nouvelles adresses, voici les coups de cœur de notre auteur.**

## EDUCATED FLEA

Des variations de goûts et de textures pour sortir des sentiers battus. Voir p. 107.

## DAVID BANN

Des petits plats végétariens tout en délicatesse. Voir p. 97.

## THE WALL

L'un des cafés les plus chaleureux d'Old Town. Voir p. 95.

The Wall

North Bridge Brasserie

## NORTH BRIDGE BRASSERIE

Un cadre cossu où l'on peut, avant 19h, dîner à prix raisonnables. Voir p. 94.

## WEDGWOOD

Un chef étoilé (mais pas prétentieux pour autant) qui flatte les papilles à Canongate. Voir p. 97.

## PRINTWORK COFFEE

Pour ses cheesecakes plus appétissants les uns que les autres. Voir p. 112.

# À SAVOIR

## AU MENU

Édimbourg est réputée pour être la ville du Royaume-Uni qui compte le plus de restaurants par habitant ! Vous pourrez manger *Scottish*, façon cuisine traditionnelle si vous aimez les plats robustes, ou nouvelle cuisine, pour une assiette plus légère et créative. Pour varier les plaisirs, on trouve toutes les cuisines du monde : européenne, chinoise, indienne, mongole, éthiopienne... sans oublier les régimes végétarien, bio, casher ou halal. Et pour sortir le grand jeu, les tables étoilées ne manquent pas ! Afin de mieux connaître les habitudes culinaires écossaises, voir aussi p. 114-115.

## EN PRATIQUE

Le petit déjeuner, plutôt copieux, est généralement servi entre 8h et 9h, le déjeuner ou lunch, qui se résume à une légère collation, entre 12h et 14h, et le dîner entre 18h et 21h. Mieux vaut respecter ces horaires car on se laisse facilement piéger ! Le week-end, les pubs proposent des formules pour le brunch, et le *Sunday roast* est l'institution du dimanche (viande rôtie accompagnée de légumes et de sauce *gravy*). Un conseil, réservez, surtout pour dîner un vendredi ou un samedi. Attention : fin juin, au moment de la remise des diplômes universitaires, et en août, durant le Festival, les bons restaurants font salle comble.

## LES TARIFS

Les établissements proposent généralement deux cartes différentes, une pour le déjeuner et une pour le dîner, la première étant moins onéreuse. Pour un dîner dans un restaurant de gamme moyenne, comptez autour de 15-20 £ par personne. Dans un restaurant chic, comptez au minimum entre 30 et 50 £, et jusqu'à 100 £ ou plus dans un restaurant étoilé. Le bon plan : les menus *pre-theatre* (préspectacles), servis entre 17h et 19h, beaucoup plus économiques ! Le pourboire n'est pas obligatoire, mais il est d'usage de laisser 10 ou 15 % du montant de la note.

**SE REPÉRER**

**Chaque adresse de restaurant est associée à une pastille orange numérotée. Vous retrouverez toutes les adresses positionnées sur le plan détachable.**

# Restos & bistrots PAR QUARTIER

## Castle Rock (Quartier 1 - p. 22)

### ① THE TEA ROOMS
**Café**

Pour un *afternoon tea* traditionnel ou pour un snack léger, faites une halte dans les élégantes Tea Rooms à l'ouest de Crown Square.

Edinburgh Castle (G7)
• www.edinburghcastle.gov.uk
• T. l. j. 10h-16h (17h en été).

**VOIR AUSSI :**

**Redcoat Café | p. 27 | G7 ②**

## Le Royal Mile, de Castlehill à Lawnmarket (Quartier 2 - p. 28)

### ③ MACKIE'S OF SCOTLAND
**Glacier**

Bonne nouvelle : il y a, sur le chemin du château, un *wee icecream shop* (*wee* signifie « petit » en écossais) qui confectionne des glaces avec du vrai lait de la ferme de Westertown, dans le comté d'Aberdeen, qui tiennent plutôt bien la route ! Vous aurez juste à choisir entre 14 parfums : *honeycomb* (miel), *Scottish tablet* (caramel)...

541 Castlehill (H7) • www.mackies.co.uk
• T. l. j. 10h-18h • *Cup* : 2,20 £.

Mackie's of Scotland

### ④ THE WITCHERY BY THE CASTLE
**Écossais**

Cette demeure de marchand du XVI$^e$ s. cache une petite merveille romantique. Avec ses boiseries, ses tapisseries et son plafond bas, la salle gothique est superbe. Quant au jardin d'hiver, envahi de végétation et éclairé à la bougie, il est tout simplement magique. Viandes et poissons font honneur à la cuisine écossaise, et la carte des vins est tout simplement étourdissante avec plus de 1000 références. Rien que ça !

**Castlehill (H7) • ☎ 0131 225 5613 • www.thewitchery.com • T. l. j. 12h-16h et 17h30-23h30 • Menu lunch et *pre-theatre* (sf sam. soir) 19,95 £, menu 3 plats 36 £.**

### ⑤ MAXIES BISTRO & WINE BAR
**Écossais**

C'est un petit restaurant familial, niché à l'ombre du château et flanqué d'une superbe terrasse qui surplombe Victoria St. L'intérieur est adorable avec ses alcôves voûtées et ses murs de pierres sombres. Au menu, de la cuisine écossaise dont le fameux haggis, des plats végétariens, des salades et le très populaire plat de fruits de mer.

Maxies Bistro & Wine Bar

**5b Johnston Terrace (H7) • ☎ 0131 226 7770 • www.maxiesbistro.com • T. l. j. 11h-23h • Plat 7,95-27,95 £.**

**VOIR AUSSI :**

**The Hub | p. 30 | H7 ⑥**

## Le Royal Mile, High Street (Quartier 3 - p. 32)

### ⑦ NORTH BRIDGE BRASSERIE
**Nouvelle cuisine**

Envie de dîner dans un beau décor ? Direction l'immeuble néobaroque qui fut jusqu'en 1999 le siège du quotidien *The Scotsman* ! Son hall, tout en marbre et en boiseries, a été converti en brasserie. Le service y est feutré, la bande-son jazzy et les plats légers mais très graphiques. Daurade aux concombres ou risotto d'aubergines ?

**20 North Bridge (I6) • ☎ 0131 556 5565 • www.northbridgebrasserie.com • T. l. j. 10h30-21h45 • Menu 2 plats 14,95 £ (avant 19h).**

### ⑧ DUBH PRAIS
**Écossais**

Dans une cave voûtée, blanchie à la chaux et décorée de quelques gravures du vieil Édimbourg, on se régale d'une cuisine maison raffinée. Les grands classiques écossais sont les stars de vos assiettes : saumon fumé (8,95 £), médaillon de chevreuil au thym, côtelettes d'agneau ou filet de bœuf Angus à la sauce whisky et moutarde (24,95 £).

Il est préférable de réserver car il y a peu de tables.
**123b High St. (I7) • ☎ 0131 557 5732 • www.dubhpraisrestaurant.co.uk • Mar.-sam. 17h-22h30 • Plat 13,50-24,95 £.**

## ⑨ THE BAKED POTATO SHOP
### Pommes de terre au four

Une formule économique pour manger chaud et à sa faim ! La pomme de terre au four, très populaire chez les étudiants, se garnit selon les goûts : champignons, fromage, salade d'avocat, riz au curry, œuf mayonnaise... Trouvez un banc confortable et dégustez !
**56 Cockburn St. (I7) • ☎ 0131 225 7572 • T. l. j. 9h-20h (entre 21h et 22h en été), début du service à 11h • Entre 3 et 6 £.**

## ⑩ ANGELS WITH BAGPIPES
### Écossais revisité

Gnocchis de saumon en bouillabaisse ou sole citron-câpres avec pomme de terre : cet établissement élégant que l'on recommande surtout pour le déjeuner (le soir, les prix sont exagérés) sert des plats inspirés et plus copieux qu'on ne l'imagine. Son nom ? Il vient de l'ange à la cornemuse qui décore la chapelle du Chardon (voir p. 32).
**343 High St. (H7) • ☎ 0131 220 1111 • www.angelswithbagpipes.co.uk • T. l. j. 12h-22h • Plat 17-20 £.**

## ⑪ THE WALL
### Café

Ce café tout simple aux murs de brique rouge et aux tabourets rigolos - des sièges de vieux tracteurs ! - est le genre d'endroit auquel on devient vite accro : ils ont des *toasties* à 4,45 £ et des salades César à 6,45 £, de bons *carrotcakes*, une quinzaine de thés en vrac et différents types de café. En plus, le service est ultra-sympa. Pourvu que ça dure !
**45 Cockburn St. (H7) • T. l. j. 9h30-17h30.**

## ⑫ MONTEITHS
### Écossais

Une *close* mène à ce restaurant et bar à cocktails où les grands classiques écossais sont réinterprétés façon nouvelle

The Wall

# Petits prix : NOS MEILLEURES ADRESSES

**Les cafés offrent en général un très bon rapport qualité-prix : cuisine maison fraîche et créative, déco dans l'air du temps... Autre tuyau : imitez les étudiants qui ont fait de Nicolson Street, truffée de fast-foods ethniques et de petits restos bon marché, leur cantine pour le déjeuner !**

## EDINBURGH LARDER

Pour ses quiches et ses soupes à deux pas de High St. Voir p. 35.

## BROUGHTON DELICATESSEN

Tourtes, tortillas, tacos et bonne ambiance. Voir p. 106.

## OINK

Le roi du sandwich au cochon grillé. Voir p. 98.

## SPOON

Petits plats maison dans un cadre rétro. Voir p. 100.

## THE DOGS

Ses menus du jour sont aussi variés qu'appétissants. Voir p. 104.

## PEP & FODDER

Du 100 % frais, sain et bon à moins de 7 £ : on adore ! Voir p. 106.

## LEO'S BEANERY

Pour son original sandwich aux cheddar, mangue et gingembre. Voir p. 104.

Leo's Beanery

cuisine : haggis, plateau de fruits de mer, saumon fumé et œuf poché, pièce de bœuf… Comme dans l'assiette, la déco mixe l'ancien et le moderne, fauteuils en cuir capitonnés et chaises en plastique.
**61 High St. (I7) • ☎ 0131 557 0330 • www.monteithsrestaurant.co.uk • Lun.-ven. 17h-23h, sam.-dim. 12h-23h • Plat 18-33 £ (10,50-17 £ pour le lunch du w.-e.).**

**VOIR AUSSI :**

**Edinburgh Larder | p. 35 | I7 ⑬**

## Le Royal Mile, Canongate (Quartier 4 - p. 36)

### ⑭ DAVID BANN
**Végétarien**

Le meilleur végétarien de la ville ! David Bann élabore des petits plats absolument délicieux, innovants, joliment présentés et à des prix raisonnables. Beignets thaïs au tofu fumé et au brocoli, brioche aux légumes rôtis et chèvre… La carte change régulièrement.
**56-58 St Mary's St. (I7) • ☎ 0131 556 5888 • www.davidbann.com • Lun.-jeu. 12h-22h, ven. 12h-22h30, sam. 11h-22h30, dim. 11h-22h • Snack 3,95-7,75 £, plat 11,30-12,95 £.**

### ⑮ WEDGWOOD
**Nouvelle cuisine**

Grâce à la formule du midi, on peut tester sans se ruiner l'élégant restaurant de Paul Wedgwood, classé par le *Sunday Times* au palmarès des meilleures tables d'Écosse. Les portions sont très légères – c'est la loi du genre – mais délicieuses (on a testé le risotto de betterave et fromage de chèvre : un petit miracle !).
**267 Canongate (I7) • ☎ 0131 558 8737 • www.wedgwoodtherestaurant.co.uk • T. l. j. 12h-15h et 18h-22h • Menu 2 plats 14,75 £ (le midi).**

### ⑯ PROCAFFEINATION
**Café**

Ce n'est pas un bistrot « improvisé » comme on pourrait le croire en poussant sa vieille porte, mais un agréable café-

Wedgwood

torréfacteur de style *shabby chic*, qui donne envie, par temps de pluie, de se caler dans un coin devant un *earl grey blue flower* (2,85 £) ou une généreuse salade, et de remettre au lendemain ce que l'on pourrait faire le jour même.

**4 St Mary's St. (I7) • ☎ 0131 261 6041 • T. l. j. 9h-18h.**

**VOIR AUSSI :**

**Clarinda's Tea Room | p. 39 | E3 ⑰**

## Holyrood (Quartier 5 - p. 42)

### ⑱ PARLIAMENT CAFÉ
**Sur le pouce**

Le self du Parlement d'Écosse est ouvert au public ! Tentez l'expérience : bien sûr, il faut passer les contrôles de sécurité, mais ce n'est pas tous les jours que l'on peut s'asseoir entre deux députés pour grignoter une salade de saumon-cresson (3,95 £) ou siroter un jus de pomme Cuddybridge (3,50 £). Les ingrédients sont écossais pour la plupart, il y a des scones bien tièdes et l'ambiance est détendue. On est loin de Westminster...

**The Scottish Parliament, Horse Wynd (F3) • www.parliament.scot • Lun. et ven.-sam. 10h-17h, mar. et mer.-jeu. 8h30-18h30 (déjeuner 11h30-14h30).**

**VOIR AUSSI :**

**The Café at the Palace | p. 45 | F3 ⑲**

## Autour de Grassmarket (Quartier 6 - p. XX)

### ⑳ MAMMA'S AMERICAN PIZZA
**Pizzeria**

Une institution qui propose les meilleures pizzas de la capitale dans un cadre convivial. Vous pouvez vous contenter des classiques de la maison ou expérimenter en osant les mélanges. La liste des ingrédients est exhaustive et comprend aussi bien du haggis que du chocolat.

**30 Grassmarket (G7) • ☎ 0131 225 6464 • Dim.-jeu. 12h-23h, ven.-sam. 12h-minuit • Pizza 6,95-17,95 £, part à partir de 1,95 £.**

### ㉑ OINK
**Sandwichs**

Végétariens, passez votre chemin ! La viande du cochon qui trône dans la vitrine finit dans de savoureux sandwichs à emporter, servis dans de petits pains garnis d'oignons ou de haggis et de sauce chili ou pomme. S'il n'y a plus de jambon, l'échoppe affiche *sold out* et ferme ses portes avant l'heure officielle.

Oink

C'est d'ailleurs souvent le cas...
34 Victoria St. (H7) • ☎ 0189 076 1355 • www.oinkhogroast.co.uk • T. l. j. 11h-18h • Sandwich 2,95-4,95 £.

## ㉒ PETIT PARIS
### Français

Vieilles affiches publicitaires, chaises de bistrot, jolies nappes à carreaux, petits plats typiquement français... Rien ne manque au plus *Frenchy* des restaurants de la capitale écossaise. Escargots grillés, chèvre chaud, coq au vin, bouillabaisse, saucisses de Toulouse grillées... Toute la France s'invite à votre table, et dans la bonne humeur, s'il vous plaît !
38-40 Grassmarket (G7/H7) • ☎ 0131 226 2442 • www.petitparis-restaurant.co.uk • T. l. j. 12h-23h (12h-15h et 17h30-22h en hiver) • Menu lunch et *pre-theatre* 8,90 £, plat 14,90-18,90 £.

## ㉓ HOWIES
### Écossais

Son succès tient beaucoup à la fraîcheur de ses produits, presque tous écossais (saumon des Shetland, gibier du Perthshire, etc.), mais aussi à sa formule *early dining* à 14,95 £. Sans réservation, il est difficile d'y décrocher une table. Solution de repli : l'autre Howies, au 29 Waterloo Pl. (I6).
10-14 Victoria St. (H7) • ☎ 0131 225 1721 • www.howies.uk.com • T. l. j. 12h-14h30 et 17h30-22h • Menu *early dining* 2 plats 14,95 £ (dès 17h30 dim.-jeu.).

## ㉔ CAFÉ JACQUES
### Sur le pouce

Spot populaire pour calmer les petites faims, Café Jacques propose une poignée de tables et un grand choix de sandwichs (baguette, *focaccia*, paninis, wraps, pitas, bagels), tartines, salades et patates garnies sur place ou à emporter. Des standards sans surprises, mais une ambiance sympathique.
10 Grassmarket (G7) • ☎ 0131 220 5358 • Lun.-ven. 8h-18h, sam. 8h-19h, dim. 9h-17h • Sandwich 4,50-6 £.

## ㉕ BOBBY'S SANDWICH BAR
### Sandwichs

Près de la statue du chien Bobby, ce bar à sandwichs à la devanture flashy voit défiler étudiants et *working girls* à l'heure du

déjeuner. Idéal pour les petits budgets, il propose une bonne sélection de bagels, paninis, sandwichs à emporter et une soupe du jour à seulement 2 £ !
**4 Greyfriars Pl. (H7-8) • ☎ 0131 220 1133 • Lun.-sam. 8h-15h30 • Sandwich autour de 3,50 £.**

### 26 MUMS
**Britannique**

Tables en Formica et banquettes en Skaï pour la petite touche *Happy Days*, et carte nostalgique qui propose les grands basiques britanniques : *fish and chips*, tourtes à la viande, burgers et l'incontournable saucisses-purée *(mash & sausages)* aux parfums multiples : oignon-basilic, chou caramélisé-bacon, courgette-ail, pomme et *black pudding*...
**4a Forrest Rd (H8) • ☎ 0131 260 9806 • www.monstermashcafe.co.uk • Lun.-sam. 9h-22h, dim. 10h-22h • Plat 7,95-12,95 £.**

### 27 MAISON BLEUE
**Fusion**

Impossible de manquer sa façade toute bleue ! On prend d'abord l'apéritif au boudoir-bar, dans une ambiance poufs et chandelles, avant de s'installer dans une jolie salle voûtée. La carte est un patchwork de cuisines : bouchées d'escargots farcis, haggis, brochettes de viande ou de poisson, tajines d'Afrique du Nord, soupes thaïlandaises...
**36-38 Victoria St. (H7) • ☎ 0131 226 1900 • www.maisonbleuerestaurant.com • T. l. j. 12h-23h • Menu lunch et *pre-theatre* 9,90 £ et 19,90 £, *dinner menu* 3 plats 29,90 £.**

**VOIR AUSSI :**

**Hula | p. 51 | H7 28**

## Le quartier de l'université (Quartier 7 - p. 52)

### 29 SPOON
**Café**

Un escalier conduit à ce vaste café baigné de lumière et de musique. Abat-jour pop, papier peint *seventies*, meubles de récup' et vaisselle fleurie pour l'ambiance *home sweet home* rétro, et de délicieux petits plats maison, sains et de saison, à l'ardoise. On y vient aussi pour grignoter cupcakes et gâteaux ou pour boire un verre en soirée.
**6a Nicolson St. (I7) • ☎ 0131 623 1752 • www.spoonedinburgh.co.uk • Lun.-sam. 10h-23h • Plat 7-18 £, menu *pre-theatre* 14 et 18 £ (17h-19h).**

### 30 THE CELLAR DOOR
**Écossais**

De la vitrine, vous ne verrez que trois tables car tout, ici, se passe en sous-sol. Et c'est un vrai *Scottish restaurant* où vous pourrez goûter aux traditionnels haggis et *neeps & tatties* (voir

# Notre top pour un *AFTERNOON TEA*

**Laissez-vous tenter par un thé gourmand dans la plus pure tradition *British* ! Instauré à l'époque victorienne pour combler le petit creux de l'après-midi, l'*afternoon tea* est un goûter pris entre 14h et 17h, composé d'une théière et de gâteaux maison.**

### CLARINDA'S TEA ROOM

Charmant, désuet et *so granny*, à deux pas du palais de Holyrood. Voir p. 39.

### ETEAKET

Pour son ambiance décontractée et sa large sélection de thés. Voir p. 105.

### THE DOME

Plus abordable qu'à l'hôtel Balmoral mais tout aussi grandiose. Voir p. 64.

### MIMI'S BAKEHOUSE

Un alléchant *afternoon tea* qui vaut le voyage à Leith ! Voir p. 86.

The Cellar Door

p. 114 ; 5,75 £) ou au poulet au *black pudding* (voir p. 114 ; 14,95 £). L'assortiment de fromages servis avec de petits sablés d'avoine et un chutney maison (7,95 £) est convaincant, tout comme le cheesecake *cranachan*. Bonne ambiance et service souriant.

44-46 George IV Bridge (H7)
• ☎ 0131 226 4155
• www.thecellardooredinburgh.com
• T. l. j. 12h-22h.

## ㉛ THE OUTSIDER
**Brasserie**

Ce n'est plus l'*outsider* des débuts, mais ce restaurant est toujours apprécié pour sa cuisine européenne moderne, constamment renouvelée, sa déco fraîche et contemporaine, et sa vue imprenable sur le château. Le service peut être approximatif en fonction du rush.

**15-16 George IV Bridge (H7) • ☎ 0131 226 3131 • www.theoutsiderrestaurant.com • T. l. j. 12h-23h • Plat midi 6,40-7,80 £, soir 13,80-22,60 £.**

## 32 CAFÉ 1505
### Sur le pouce

Juste à côté du musée de la Chirurgie, un long parallélépipède quasi « design » où l'on peut s'attabler sans chichis devant un menu végétarien (à partir de 5 £), un thé au gingembre avec sablés d'avoine, ou une bière 1505 (3,75 £) aux graines de cardamome, préparée d'après l'ordonnance d'un médecin du XVIIIe s. C'est frais, jeune et sympa.

**Surgeons Lodge, 18 Nicolson St. (I8) • ☎ 0131 527 1686 • www.cafe1505.co.uk • Lun.-ven. 8h-18h, sam.-dim. 9h-17h.**

## 33 THE TOWER
### Écossais

Une situation unique sur les toits du National Museum of Scotland (au niveau 5), des vues à couper le souffle sur la ville, un intérieur chic, une cuisine écossaise dans l'air du temps et une carte des vins inspirée. La table de James Thomson, le créateur du célèbre Witchery by the Castle (voir p. 93), a toujours le vent en poupe, et on comprend très bien pourquoi !

Café 1505

National Museum of Scotland, Chambers St. (H7) • ☎ 0131 225 3003 • www.tower-restaurant.com • T. l. j. 12h-23h • *Afternoon tea*, menu lunch et *pre-theatre* 19,95 £, menu 3 plats 36 £.

## ㉞ CHECKPOINT
**Fusion**

Cette cantine informelle qui puise aux quatre vents et mixe tout - gaspacho, *choy sum*, poulet coréen, *focaccia*, harissa... - propose de bons brunchs « pour bien démarrer la journée avant 17h » et de copieuses salades (7,50 £) servies dans de la vaisselle en Inox façon gamelle pour chien : on comprend que le journal *The Times* ait classé le Checkpoint parmi les 25 restaurants les plus cool du Royaume-Uni. Service aimable, prix corrects.

3 Bristo Pl. (H8) • ☎ 0131 225 9352 • http://checkpointedinburgh.com • T. l. j. 9h-minuit.

**VOIR AUSSI :**

**The Elephant House | p. 55 | H7 ㉟**

# Le long de Princes Street (Quartier 8 - p. 56)

## ㊱ THE SCOTTISH CAFÉ
**Écossais**

Vous le trouverez dans le hall qui relie la National Gallery à la Royal Academy. Ses deux points forts ? Il est doté d'une terrasse avec vue sur les Princes Street Gardens et d'une carte moderne, appétissante, sans gluten, basée sur le terroir (les propriétaires, les Contini, se fournissent auprès de 70 petits producteurs écossais). Il y a une formule « assiette pour 2 » à 20 £ et un *afternoon tea* pour 2 à 30 £ avec sandwichs, scone au fromage de l'île de Mull et saumon fumé.

National Gallery, The Mound (H6) • ☎ 0131 225 1550 • www.contini.com • Lun.-sam. 9h-17h (19h jeu.), dim. 10h-17h • Menu midi (lun.-ven.) autour de 13 £.

## ㊲ PALM COURT AT THE BALMORAL
**Salon de thé**

Dans le hall du très chic hôtel Balmoral, Palm Court est un petit bijou victorien. Ce salon de thé berce ses *afternoon teas* de mélodies d'une harpiste. C'est une institution (12h-17h30 ; 35 £). Vous pouvez vous contenter d'un expresso (3,75 £) ou vous offrir une coupe du champagne favori de James Bond. Le Scotch Whisky Bar juste à côté est tout aussi agréable.

Balmoral Hotel, 1 Princes St. (H6) • ☎ 0131 556 2414 • www.thebalmoralhotel.com • T. l. j. 9h-minuit.

**VOIR AUSSI :**

**The Fruitmarket Gallery | p. 59 | H6 ㊳**

## New Town (Quartier 9 - p. XX)

### 39 LEO'S BEANERY
**Café**

Dans un *basement*, l'irrésistible coffee-shop de Leo séduit avec ses vieux bancs d'église et ses objets chinés dans les bric-à-brac. Dans les effluves de brownies qui sortent du four et de café fraîchement torréfié, on se régale d'une cuisine maison et de sandwichs à la présentation soignée. Livres à disposition et jeux pour occuper les bambins.
**23a Howe St. (C3) • ☎ 0131 556 8403 • www.leosbeanery.co.uk • Lun.-ven. 8h30-17h30, sam. 9h-17h, dim. 10h-17h • Sandwich 5,95-6,95 £.**

### 40 GLASS & THOMPSON
**Salon de thé**

Dans la rue des galeries d'art, G&T (pour les habitués) est un petit café-salon de thé cosmopolite, chic et décontracté. Convoité pour son délicieux café, ses assiettes à composer selon les goûts (fromages, fruits de mer, jambons, pâtés ou légumes, autour de 8,40 £) et ses savoureux gâteaux maison, il est aussi apprécié pour son épicerie.
**2 Dundas St. (C3) • ☎ 0131 557 0909 • Lun.-sam. 8h30-17h30 (18h en été), dim. 10h30-16h30.**

### 41 HENDERSON'S
**Végétarien**

Ouvert en 1962, c'est le plus vieux restaurant végétarien d'Écosse. Ambiance cantine et commande au comptoir : jus de fruits, salades et plats sains fraîchement préparés (sessions jazz 19h-21h30). Henderson's, c'est aussi une épicerie et un bistrot moderne (25c Thistle St., F5 ; ☎ 0131 225 2605 ; jeu.-sam. 12h-21h30, dim.-mer. 12h-20h30).
**94 Hanover St. (G6) • ☎ 0131 225 2131 • www.hendersonsofedinburgh.co.uk • Lun.-sam. 8h-21h30 (ouv. dim. 10h30-16h en août et déc.) • Menu lunch 8,95 £, plat 5,95-7,95 £.**

### 42 THE DOGS
**Écossais**

Un très bon rapport qualité-prix pour le quartier ! The Dogs propose de petits plats *British* et écossais dans un salon lumineux décoré façon vieux bistrot. Au menu, viandes, poissons, *fish and chips* et haggis se mêlent aux quiches, soupes et plats végétariens. Au rez-de-chaussée, le restaurant Amore Dogs sert les basiques de la cuisine italienne.
**110 Hanover St., 1er étage (G6) • ☎ 0131 220 1208 • www.thedogsonline.co.uk • Lun.-ven. 12h-14h30 et 18h-22h, sam. 12h-16h et 17h-22h, dim. 12h-16h et 18h-22h • Plat 4,95-12,95 £.**

### 43 URBAN ANGEL
**Bio**

Une cuisine fraîche et imaginative à base de produits bio, qui privilégie les producteurs locaux et le commerce équitable. Ce petit café-bistrot en sous-sol sert gâteaux, salades et sandwichs originaux qui changent du lunch habituel, mais aussi des plats chauds du type tortilla, hamburgers, risotto ou pâtes du jour.

**121 Hanover St. (G6) • ☎ 0131 225 6215 • www.urban-angel.co.uk • Lun.-ven. 8h-17h, sam.-dim. 9h-17h • Plat 6-13,50 £.**

## 44 FORTH FLOOR RESTAURANT
### Nouvelle cuisine

Perché au 4e étage du très branché Harvey Nicks, le Forth Floor déroule sa large baie vitrée et son panorama sublime sur la ville dans un cadre moderne et chic. Côté assiette, la tendance est à la nouvelle cuisine écossaise. La brasserie est plus abordable, et si vous êtes pressé, il y a un bar à sushis dans le hall.

**Harvey Nichols • 30-34 St Andrew Square (H6) • ☎ 0131 524 8350 • www.harveynichols.com • T. l. j. sf lun. soir 12h-15h et 18h-22h • Menu Market 25 £ (lunch), menu Tasting 95 £, menu Brasserie 18 et 22 £.**

## 45 ETEAKET
### Salon de thé

Les copines viennent s'échanger les derniers potins dans ce salon de thé au décor pimpant qui s'est donné pour mission de dépoussiérer la bonne vieille tradition britannique du *tea time*. La carte compte 40 variétés de thés en feuilles et une sélection de gâteaux et pâtisseries. Les petits plats du déjeuner n'ont rien d'extraordinaire.

**41 Frederick St. (G6) • ☎ 0131 226 2982 • www.eteaket.co.uk • T. l. j. 8h-18h • Thé à partir de 2,50 £.**

## 46 LOWDOWN COFFEE
### Café

Depuis que Paul Anderson y a aménagé un café minimaliste, le sous-sol de cette maison de l'époque georgienne est une halte bienvenue sur la longue George St. ! On y déguste des mokas tout en nuances, de savoureux gâteaux (3,75 £) et des thés issus de petites plantations (entre nous, le Gianfranco's Earl Grey à la bergamote de Calabre est une pure merveille). Sandwichs et soupes du jour à partir de 11h.

**40 George St. (G6) • ☎ 0131 226 2132 • Lun.-ven. 8h-19h, sam. 9h-19h, dim. 10h-19h.**

The Dogs

### 47 WHIGHAMS
**Cave à vins**

Une cave à vins très populaire pour ses alcôves intimes éclairées à la bougie, ses plateaux de fruits de mer et sa sélection de vins français, australiens, argentins et sud-africains (comptez 5 £ le verre). Les plats de poisson, comme la truite fumée, sont à des prix raisonnables. Bondé le week-end et interdit aux moins de 18 ans.

**13 Hope St. (C4) • ☎ 0131 225 8674 • www.whighams.com • Dim.-jeu. 12h-minuit, ven.-sam. 12h-1h • Menu du marché (jusqu'à 19h) 2 plats 12 £ ou 3 plats 15,95 £, plat 8,95-29,95 £.**

**VOIR AUSSI :**

**The Dome | p. 64 | H6 48**

## Calton Hill et Broughton (Quartier 10 - p. 68)

### 49 BROUGHTON DELICATESSEN
**Sur le pouce**

Ce *deli* sympathique et décontracté est le préféré des habitants de Broughton. On commande au comptoir soupes, sandwichs, salades, crêpes, bol de *noodles*, tortillas, plateaux de saumon fumé ou de fromages. Chaque jour, des plats fraîchement cuisinés sont proposés à l'ardoise, et le brunch est servi jusqu'à 14h (lun.-ven.) ou 15h (sam.-dim.).

**7 Barony St. (D2) • ☎ 0131 558 7111 • www.broughton-deli.co.uk • Lun.-ven. 8h-19h, sam. 9h-18h, dim. 10h-18h • Plat 7,25-11,50 £.**

### 50 PEP & FODDER CAFÉ
**Sur le pouce**

Le gros atout de ce café qui a l'air d'un *deli* new-yorkais avec son comptoir carrelé et ses hauts tabourets ? On peut y commander à toute heure une formule salade + sandwich à 6 £ ! Au choix : couscous, pastrami, fromage de chèvre et roquette, des thés Eteaket d'Édimbourg, des cafés Dear Green de Glasgow et un jus de sureau du Sussex. Bref, une valeur sûre pour déjeuner vite et malin dans un cadre pimpant.

Pep & Fodder Café

11 Waterloo Pl. (16) • ☎ 0131 556 5119 • http://pepandfodder.com • T. l. j. 6h30-17h.

## 51 21212
### Français

Une luxueuse *townhouse* georgienne revue dans le goût du XXIe s. et une cuisine moderne d'inspiration française. Le chef Paul Kitching et son épouse Katie O'Brien ont créé la sensation dans la capitale en 2009, récoltant prix et distinctions, dont une étoile au *Michelin*. Profitez du lunch, encore abordable, pour un moment de pur délice !

**3 Royal Terrace (E3) • ☎ 0131 523 1030 ou 0845 222 1212 • www.21212restaurant.co.uk • Mar.-sam. 12h-13h45 et 18h45-21h30 • Lunch 3 plats 32 £ (mar.-ven.), dîner 5 plats 70 £.**

## 52 TREACLE BAR AND KITCHEN
### Sur le pouce

Dans l'esprit cool de Broughton St. (fresque manga, meubles dépareillés, chandelles, musique funky ou jazzy), ce bar cosy propose à toute heure de la journée quiches, salades, sandwichs, burgers, plats écossais et planchas à partager entre copains. Également apprécié pour un cocktail en soirée.

**39-41 Broughton St. (D3) • ☎ 0131 557 0627 • www.treacleedinburgh.co.uk • T. l. j. 10h-1h (cuisine jusqu'à 22h) • Plat et sandwich 7,95-13,95 £.**

## 53 THE MANNA HOUSE
### Boulangerie-pâtisserie

Après une balade sur Calton Hill, reprenez votre souffle dans ce *coffee house* doublé d'une boulangerie-pâtisserie aux accents *Frenchy*. Quiches, sandwichs, soupes et salades sont proposés pour le lunch. Pour le goûter, laissez-vous tenter par les gâteaux, tartes ou viennoiseries maison.

**22-24 Easter Rd (F2) • ☎ 0131 652 2349 • www.themannahousebakery.co.uk • Lun.-sam. 8h-18h, dim. 9h-17h (f. dim. en hiver) • Sandwich 3,10-4 £.**

## 54 EDUCATED FLEA
### Expérimental

C'est le petit nouveau dans le paysage culinaire de Broughton, et il ne manque pas d'audace ! On y sert avec le sourire du taboulé aux grains de grenade, des concombres marinés à l'orange et au fromage de chèvre… la carte est à 99 % sans gluten. Attention : il n'y a qu'une dizaine de tables, dont 2 dans le bow-window : pour décrocher une place, réservez ou venez très tôt (dès 18h30).

**32b Broughton St. (D2) • ☎ 0131 556 8092 • www.educatedflea.co.uk • T. l. j. 10h-21h • Formule midi 2 plats 10 £ ; formule *pre-theatre* le soir 15 £.**

### VOIR AUSSI :

**Artisan Roast | p. 71 | D3 55**

## Dean Village et le West End (Quartier 11 - p. 74)

### ㊻ FILMHOUSE CAFÉ BAR
**Sur le pouce**

Une bonne option pour grignoter avant de se faire une toile... ou pas. Le café de ce cinéma (voir p. 133) propose *baked potatoes*, bagels, *nachos*, soupe du jour (4,75 £) et des plats chauds autour de 9 £. Rien d'extraordinaire dans le décor, mais on se laisse vite envelopper par les conversations enthousiastes des cinéphiles.

**88 Lothian Rd (C4) • www.filmhousecinema.com • Lun.-jeu. 8h-23h30, ven. 8h-0h30, sam. 10h-0h30, dim. 10h-23h30 • Plat 5-10 £.**

Cairngorm Coffee

### ㊼ CAIRNGORM COFFEE
**Café**

Ce café qui porte le nom d'une montagne des Highlands a beaucoup d'atouts : une rotonde lumineuse, des théières originales (on dirait des béchers de chimie en Pyrex !), des cakes au bon goût de citron et des tables communes au design scandinave. Dommage que le service soit un chouïa brouillon !

**1 Melville Pl. (B4) • ☎ 0131 629 900 • www.cairngormcoffee.com • Lun.-ven. 8h-18h, sam.-dim. 9h-18h • Chocolat chaud 2,80 £.**

### ㊽ THE TRAVERSE BAR CAFÉ
**Café**

Auteurs fignolant leur script, mamans en pause lunch, cols blancs sirotant un café et *hipsters* consultant leurs e-mails se mêlent dans ce spacieux café niché au sous-sol du Traverse Theatre. Concerts, quiz et performances théâtrales s'y déroulent parfois en soirée (gratuit).

**10 Cambridge St. (C4) • ☎ 0131 228 5383 • www.traverse.co.uk • Lun.-mer. 11h-minuit, ven.-sam. 11h-1h, cuisine jusqu'à 20h.**

### ㊾ STRUMPETS
**Salon de thé**

Un salon cosy pour siroter dans une ambiance relaxante un café

# Le top de la GASTRONOMIE ÉCOSSAISE

**Entre les recettes d'hier, qui tiennent bien au corps, et les portions d'aujourd'hui, aussi légères qu'inventives, la gastronomie écossaise a de beaux jours devant elle ! Et chacun peut y trouver son bonheur : risotto de haddock d'Arbroath, poulet au *haggis,* bœuf d'Angus... Voici notre top des tables où vous serez sûr(e) de bien manger... écossais.**

## FORTH FLOOR

Dans un grand magasin, l'Écosse à l'heure de la nouvelle cuisine. Voir p. 105.

## THE CELLAR DOOR

Les classiques du terroir à des prix raisonnables. Voir p. 100.

## THE WITCHERY BY THE CASTLE

Pour un dîner d'exception dans un cadre ultra-romantique. Voir p. 93.

## DUBH PRAIS

Tout petit mais si raffiné ! Voir p. 94.

## THE SCOTTISH CAFÉ

Des recettes modernisées et une jolie vue sur les jardins. Voir p. 103.

## MONTEITHS

On y savoure un répertoire intelligemment revisité. Voir p. 95.

La P'tite Folie

d'un artisan torréfacteur ou un bon thé orange *blossom oolong* (3 £) autour d'un cookie ou d'un scone maison. Le dimanche, Jessica, la patronne, y fait aussi des *crumpets* anglais (ça a la forme d'un miniblini russe ou d'un *takez* breton pour ceux qui connaissent) que l'on beurre... ou pas. Pour info, les *crumpets* écossais sont plus larges, façon crêpes.

**35 William St. (B4) • ☎ 0791 387 9170 • T. l. j. 9h-17h.**

## 60 LA P'TITE FOLIE
**Français**

La seule maison de style Tudor à Édimbourg cache derrière sa superbe façade à colombages un restaurant apprécié pour ses plats français renouvelés tous les jours. Idéal si vous salivez à l'idée d'un confit de canard ou d'un bœuf bourguignon que vous pourrez déguster dans une belle salle boisée, vaste et lumineuse.

**Tudor House, 9 Randolph Pl. (B4) • ☎ 0131 225 8678 • www.laptitefolie.co.uk • Lun.-sam. 12h-15h et 18h-22h (23h ven.-sam.) • Menu lunch 12,50 £, plat dîner 15,95-29 £.**

### VOIR AUSSI :
**Café Modern One | p. 75 | A4 61**

## Stockbridge (Quartier 12 - p. 78)

## 62 MAXI'S
**Café**

Les grandes baies vitrées de ce café bleu et blanc donnent sur la rue la plus animée de Stockbridge. Le petit déjeuner y est servi jusqu'à 15h (*full breakfast* 7,50 £). Pour le lunch, quiches végétariennes, tortilla maison ou sandwichs du type houmous et légumes rôtis, saumon fumé et *cream cheese*, brie et sauce à la framboise.

**33 Raeburn Pl. (B2) • ☎ 0131 343 3007 • Lun.-sam. 8h30-17h, dim. 10h-17h, cuisine jusqu'à 16h30 • Sandwich 4,25 £ (2,50 £ à emporter).**

## ⑥③ THE GATEWAY
### Sur le pouce

Pour déjeuner au Botanique, vous avez deux options : le Terrace Cafe, pas cher mais un peu décevant, et le Gateway, plus inspiré même si le service est inégal, situé au 1er étage du hall d'entrée. On y joue à fond la carte de la traçabilité : mobilier en bois d'Écosse, bières locales, herbes aromatiques en provenance directe du jardin. Les portions sont généreuses et les prix honnêtes (8,55 £ la salade César, 9,75 £ le *Scottish steak burger*).

**Royal Botanical Garden, Arboretum Pl. (B1) • ☎ 0131 552 2674 • www.gatewayrestaurant.net • T. l. j. 10h-16h.**

## ⑥④ CAFÉ PLUM
### Sur le pouce

Vous trouverez beaucoup de cafés sur Raeburn. Celui-ci est tout simple – à peine cinq guéridons, des coussins couleur prune et un grand miroir au cadre doré – mais on s'y sent bien. La formule *combo* « soupe + *panino* » ne coûte que 5,95 £, il y a un bon assortiment de mezze (tomates séchées, mozzarella, houmous...) et la patronne vous accueille comme si vous étiez un habitué du quartier. Que demander de plus ?

**96 Raeburn Pl. (B2) • ☎ 0787 999 0235 • Lun.-sam. 9h-16h, dim. 10h-16h.**

The Gateway

## 65 THE WATER OF LEITH CAFE BISTRO
**Café**

Ana et Mickael ont ouvert ce café lumineux, convivial et familial aux abords de la rivière Leith. On s'y arrête pour une pause thé ou café, pour grignoter croque-monsieur, cake au poisson ou quiche du jour, ou encore pour goûter à la cuisine maison renouvelée tous les jours (plats végétariens, viande et poisson). Les *kids* sont très bien accueillis : menu enfant, chaises hautes, table à langer...

**1 Howard St. (C2) • ☎ 0131 556 6887 • www.thewaterofleithcafebistro.co.uk • T. l. j. 9h30-17h (21h ven.-sam., 16h dim.) • Plat autour de 8 £, menu w.-e. 3 plats 14,50 £.**

**VOIR AUSSI :**

**Herbie of Edinburgh | p. 81 | B2 66**

## Leith (Quartier 13 - p. 82)

## 67 RELISH
**Sur le pouce**

Une épicerie de quartier conviviale où vous pouvez faire votre propre sandwich avec tous les produits frais du magasin. Vous avez le choix entre différentes variétés de pain, et les garnitures sont faites maison, comme les poivrons rôtis à la sauce pesto. Pour la pause, thés, cafés et bières écossaises.

**6 Commercial St. (plan p. 82) • ☎ 0131 476 1920 • Lun.-ven. 8h-20h, sam.-dim. 9h-20h • Soupe 2,80-3,75 £, salade 3,85-6,25 £, sandwich 2,85-4,35 £.**

## 68 PRINTWORKS COFFEE
**Soupes & gâteaux**

Ce café accueillant et lumineux, joliment décoré de stucs et de moulures, privilégie le naturel et le *healthy*. Soupe maison, cake sans gluten... on peut aussi

Printworks Coffee

y siroter un simple *macchiato* (1,80 £) tout en lisant la presse. Mais le clou, ce sont les gâteaux qui trônent dans les vitrines. Ils sont renversants, surtout le *berry sensation cheesecake* (3,45 £).

**42 Constitution St. (plan p. 82) • ☎ 0131 555 7070 • Lun.-ven. 8h-17h, sam.-dim. 9h-18h.**

## ⑹ FISHERS
### Poisson

Établi sur les quais, ce sympathique bistrot à poisson occupe un ancien moulin à vent du XVII<sup>e</sup> s. Le restaurant comprend une salle circulaire où l'on mange à des tables hautes et une petite salle avec vue sur la Leith. Vous aurez du mal à choisir entre les cakes au poisson, très populaires, et les poissons parfaitement cuisinés en version contemporaine.

**1 Shore (plan p. 82) • ☎ 0131 554 5666 • www.fishersrestaurants.co.uk • T. l. j. 12h-23h30 • Menu lunch 15-18 £.**

## ⑺ BRITANNIA SPICE
### Asiatique

Cap sur l'Inde, le Bangladesh, le Népal et la Thaïlande ! Hommage au yacht royal qui mouille dans le port, ce petit voyage gustatif et parfumé au curry et tandoori s'apprécie dans un décor maritime de bleu, de laiton et de bois blond. L'illusion d'être sur un bateau se prolonge avec les serveurs, vêtus d'uniformes marins.

**150 Commercial St. (plan p. 82) • ☎ 0131 555 2255 • www.britanniaspice.co.uk • Lun.-sam. 12h-14h et 17h-23h45, dim. 17h-23h45 • Menu lunch 9,95 £ (lun.-ven.), *dinner menu* 24,95 £, plat 10,95-16,95 £.**

## ⑺ MARTIN WISHART
### Écossais

Dans le vieux port de Leith, le restaurant étoilé de Martin Wishart, l'un des chefs les plus en vue d'Écosse, séduira les fins gourmets avec sa succulente cuisine écossaise teintée d'influences asiatiques et françaises.

**54 The Shore (plan p. 82) • ☎ 0131 553 3557 • www.martin-wishart.co.uk • Mar.-sam. 12h-14h (13h30 sam.) et 19h-22h • Menu lunch 28,50 £ (mar.-ven.), Tasting Menu 6 plats 80 £.**

### VOIR AUSSI :

**Mimi's Bakehouse | p. 86 | plan p. 82 ⑺**

# Haggis, porridge et *oatcakes*

**Avis aux *foodies* ! Du *coffee-shop* branché à la table étoilée en passant par la taverne typique, Édimbourg est une table de choix pour s'initier à la cuisine écossaise. Bien qu'ayant intégré des habitudes anglaises, elle a su conserver son identité, partagée entre ses vieilles recettes paysannes et une nouvelle cuisine influencée par les gastronomies française, italienne et asiatique.**

## *FULL SCOTTISH BREAKFAST*

Servi dans la plupart des pubs, des cafés et des hôtels, il ressemble à première vue au petit déjeuner anglais à base de saucisses, d'œufs et de bacon, sauf que l'on y ajoute des spécialités locales : *black pudding*, saucisses coupées en rondelles, scones de pommes de terre, tomates et champignons grillés, toasts beurrés accompagnés de marmelade d'oranges de Dundee et, plus occasionnellement, haggis, *oatcakes* et porridge.

## AU BONHEUR DES CARNIVORES

Impossible de ne pas goûter au savoureux bœuf Aberdeen Angus, de renommée mondiale. Autres incontournables, l'agneau *(lamb)*, que l'on déguste de préférence au printemps, et le mouton des Highlands, servis rôtis ou bouillis dans le *scotch broth*, une soupe de légumes. Le gibier de saison est aussi apprécié, comme la *grouse* (coq de bruyère), le chevreuil *(venison)*, le faisan *(pheasant)*, le lièvre ou le canard. Le porc donne le fameux *black pudding* (boudin noir), le meilleur bacon au monde *(Ayrshire bacon)* et toute une ribambelle de saucisses, stars du populaire *mash & sausages* (saucisses-purée). Autres spécialités, le *cock-a-leekie*, soupe à base de poulet, de riz, de poireaux et de pruneaux, les tourtes

### Haggis

Le plat national est une curiosité, d'aspect peu avenant, dont la composition laisse songeur : abats de mouton hachés (foie, poumons, intestins, cœur...), farine d'avoine, suif, oignons et épices. Le tout est bouilli dans une panse de brebis, servi avec des purées de navets *(neeps)* et de pommes de terre *(tatties)* et accompagné d'un verre de whisky. Les Écossais le consomment le 25 janvier en l'honneur de Robert Burns *(Burns Night)*. Le « chef des boudins » avait inspiré une ode à l'écrivain et la tradition veut qu'on l'éventre pour libérer ses forts arômes tout en déclamant un poème. Deux qualités sont requises, de la verve et du courage !

à la viande *(bridies)* et le *stovies*, pot-au-feu de pommes de terre, d'oignons et de bœuf.

## FISH & SEAFOOD

L'Écosse se nourrit depuis des siècles de poissons simples, souvent fumés - morue, hareng, aiglefin, merlan, sans oublier le saumon, servi poché ou fumé -, et de fruits de mer et crustacés : moules, huîtres, crabes, crevettes, langoustines, homards. Goûtez à l'*Arbroath Smokie* (haddock salé, séché et fumé à chaud) ou au *Cullen skink*, potage de crème et de pommes de terre au haddock. Dans le registre fast-food, le populaire *fish and chips*, beignet de poisson frit servi avec des frites (en Écosse, c'est en général du haddock), se déguste avec les doigts dans les *chip shops* ou *chippies*. C'est à Leith, le quartier du port, que vous trouverez les meilleurs restaurants de poisson.

## DOUCEURS SUCRÉES

Les Écossais ont un faible pour les gâteaux et sucreries : petits pains ronds fourrés comme le *Selkirk Bannock* ou les scones accompagnés de *clotted cream* (crème épaisse), biscuits, cakes, puddings, *fudges* (confiserie hypercalorique aux parfums multiples) et pâtisseries à la crème. Parmi les spécialités, il y a les *shortbreads*, sablés nature ou parfumés, le *Dundee cake*, gâteau de fruits secs, et le *Clootie Dumpling*, autre pudding aux fruits secs et aux épices. Muffins (ou cupcakes dans leur version glacée), *carrot cake* (gâteau de carottes) et cheesecake (gâteau au fromage frais) sont d'autres douceurs accompagnant l'*afternoon tea*. Au dessert, goûtez au *cranachan*, pur délice de crème, de farine d'avoine et de framboises.

## L'AVOINE SE MÊLE DE TOUT !

Ingrédient de base, la farine d'avoine intervient dans la préparation de nombreux plats, soupes, biscuits, pâtisseries, puddings, desserts et haggis, et permet de paner ou de farcir poissons et viandes. Plus facile à cultiver que le blé en raison du climat, cette prédilection pour l'avoine fut souvent moquée par les Anglais, qui réservaient cette céréale à leurs chevaux. Il n'en reste pas moins que ces derniers ont fini par adopter le fameux porridge, cette bouillie de flocons d'avoine salée qui tient bien au corps. Autre incontournable, les *oatcakes*, des galettes d'avoine. Remplaçant le pain, elles se marient aussi bien avec du saumon fumé qu'avec du pâté, du fromage ou de la confiture.

# Whisky et bière

**Alcool le plus vendu dans le monde, le whisky est devenu l'une des plus riches industries d'Écosse. Peu importe la querelle avec les Irlandais à propos de la paternité du célèbre breuvage, les Écossais sont passés maîtres dans l'art de manier l'alambic. Vous aurez l'occasion de goûter à la boisson nationale dans les nombreux pubs de la ville, à moins que vous n'en pinciez davantage pour une belle rousse pétillante.**

## SCOTCH WHISKY

Le whisky écossais est le résultat d'une alchimie compliquée entre l'orge, la tourbe, l'eau de source, la levure, les alambics et le vieillissement en fûts de chêne. Pour en découvrir les secrets, le **Scotch Whisky Experience** (p. 29) vous plonge au cœur même de la distillation. La production de cet alcool se perd dans la nuit des temps, mais la première mention de distillation en Écosse date du XVe s. Les Celtes venus d'Irlande fabriquaient déjà une eau-de-vie appelée *uisge beatha*, qui deviendra *uisge* puis whisky, mais le breuvage était consommé avant tout pour ses vertus médicinales.

## *MALT, BLENDED* OU *GRAIN* ?

Trois types de whisky sont produits en Écosse. Prisé des connaisseurs, le *single malt* est distillé uniquement à partir d'orge maltée et provient d'une seule distillerie comme le Glenmorangie ou le Glenfiddich. La mention *single cask* est indiquée lorsque les whiskies sont issus d'un seul et même fût. Si plusieurs *single malts* de distilleries différentes sont mélangés, on parle de *pure malt* ou de *vatted malts*. Plus populaires, les *blended* inventés à Édimbourg dans les années 1860 sont un assemblage de plusieurs *single malts* et de *grain whisky*, un alcool de grain (avoine, blé, maïs...). Pour vos achats, vous trouverez les meilleurs stocks de whiskies chez **Royal Mile Whiskies** (p. 146) et **Cadenhead's** (p. 149).

### Les usages du pub

N'attendez pas à votre table que l'on vienne vous servir. Il faut passer votre commande au comptoir et la payer aussitôt. Les bières sont toujours servies en pinte. Si vous voulez un demi, vous devez spécifier *half-pint*. Une mesure de whisky se dit *half* ou *dram*. En Écosse, il est très mal vu de mélanger le whisky avec d'autres boissons. La seule option tolérée est d'y ajouter un peu d'eau plate. Vous êtes prévenu...

## UNE QUESTION DE GOÛT

Il existe quatre grandes régions productrices : les Lowlands, Campbeltown, Islay et les Highlands. Ces derniers comprennent le Speyside, une petite région très réputée qui concentre plus de la moitié des distilleries, et les Islands (Arran, Mull, Skye...). Contrairement aux *blended*, dont le goût est uniformisé pour la commercialisation, les arômes des *single malts* varient d'une distillerie et d'une région à l'autre. Fumée, florale, marine, fruitée, herbacée, la palette des saveurs est sans fin. Puisque vous êtes à Édimbourg, essayez le Glenkinchie, un *single malt* de dix ans d'âge produit aux portes de la ville. Les amateurs trouveront la plus grande sélection de whiskies et des raretés au pub **Whiski** (p. 122).

## BIÈRE

La bière traditionnelle écossaise est une bière rousse ou brune (*ale* ou *heavy*) plutôt forte en alcool mais douce au goût. Les bières sont classées selon le système de *shillings* en vigueur depuis 1870, qui indiquait autrefois le prix du baril en fonction de la qualité. Plus le nombre de shillings est élevé, plus la bière est forte. La plus courante est la 80 ale *(eighty shillings ale)*. Les deux grandes brasseries écossaises McEwan's et Tennents en produisent, mais vous pouvez aussi goûter aux productions de petites brasseries comme la Caledonian Brewery d'Édimbourg, la dernière brasserie de la ville à avoir survécu parmi les quarante qui fonctionnaient au XIXe s. On trouve aussi la Belhaven, brassée à Dunbar, la Greenmantle des Borders et la Fraoch en bouteille, une bière gaélique à base de bruyère brassée traditionnellement. Les amateurs pousseront la porte des pubs qui mentionnent *real* ou *cask-conditioned ales* (en fût) pour des saveurs authentiques et plus confidentielles. Vous trouverez également des blondes *(lager)* à la pression et des brunes *(stout)* type Gillepsie's.

## ALTERNATIVES

L'Écosse produit également des liqueurs à base de whisky comme le Drambuie ou le Glayva, fabriquées à partir de l'assemblage des meilleurs whiskies, de miel de bruyère, d'herbes et d'épices, et qui entrent dans la composition de nombreux cocktails. Vous dénicherez des liqueurs originales chez **Demijohn** (p. 153). Si vous n'aimez pas l'alcool, goûtez à la boisson pétillante préférée des Écossais, l'Irn Bru, un soda de couleur orange.

# Bars & clubs

## PAR QUARTIER

# Les coups de cœur DE NOTRE AUTEUR

**Édimbourg est une ville qui bouge bien plus qu'on ne l'imagine, et pas seulement en août. Méga-concert au stade de Murrayfield ou soirée folk, il y en a vraiment pour tous les goûts, d'autant que les salles de spectacle sont ici très polyvalentes. Voici, pour vous aider à choisir, les coups de cœur de notre auteur.**

## ROLLO

Un bar à vins moderne, éclectique et *chill out*. Voir p. 132.

## BRAMBLE BAR

Petit lounge à cocktails avec DJ le week-end. Voir p. 129.

## THE DEVIL'S ADVOCATE

Dans une ruelle à l'écart de High St., le temple des cocktails. Voir p. 122.

The Café Royal

The Devil's Advocate

## THE CAFÉ ROYAL

Son incroyable décor victorien est classé Monument historique. Voir p. 130.

## USHER HALL

Une remarquable salle de concerts où se produit l'excellent RSNO. Voir p. 132.

## SCOTTISH STORYTELLING CENTRE

Pour ses soirées folk et pour l'ambiance joviale de ses *ceilidhs*. Voir p. 121.

# À SAVOIR

## OÙ SORTIR ?

**New Town pour les adresses chic et sophistiquées :** bars géants et boîtes trendy sur George St., pubs historiques sur Rose St., spots gays et bars cool à Picardy Pl. et Broughton. **Plus relax, Old Town** mêle pubs traditionnels et bars branchés vers Grassmarket et dans les rues perpendiculaires au Royal Mile (plusieurs clubs underground du côté de Cowgate). On trouve aussi des **bars fréquentés par la jeunesse** le long de Leith Walk et dans le quartier de Leith. **Lothian Rd est le hotspot culturel** de la ville, avec ses nombreux théâtres, salles de concerts et cinémas.

## S'INFORMER

En vente chez les marchands de journaux (2,50 £), *The List* (www.list.co.uk) propose toutes les deux semaines un **listing complet des concerts, spectacles, théâtres, cinémas et soirées clubs.** Disponibles partout, les deux mensuels gratuits *The Gig Guide* (www.gigguide.co.uk) et *The Skinny* (www.theskinny.co.uk) recensent les concerts et les soirées clubs. Enfin, le quotidien *Edinburgh Evening News* contient un **agenda des spectacles et pièces de théâtre du jour.**

## RÉSERVER UN SPECTACLE

Les tickets pour les concerts pop ou classiques, opéras, pièces de théâtre et comédies musicales sont en vente aux guichets des salles, en principe ouverts de 10h à 17h en semaine et les soirs de spectacle. Sur place, deux agences vendent les tickets pour les concerts importants :

• **Tickets Scotland :** 127 Rose St. (H6) • ☎ 0131 220 3234 • www.tickets-scotland.com • Lun.-sam. 9h-18h, dim. 11h30-17h30.

• **Ripping :** 91 South Bridge (I7) • ☎ 0131 226 7010 • www.rippingrecords.com • Lun.-ven. 9h30-18h30, sam. 9h30-18h, dim. 12h30-17h30.

En dernier recours, vous pouvez réserver *on line* moyennant une commission sur :
www.ticketweb.co.uk • www.ticketmaster.co.uk • www.ticketline.co.uk

**SE REPÉRER**

**Chaque adresse de lieu de sortie est associée à une pastille violette numérotée. Vous retrouverez toutes les adresses positionnées sur le plan détachable.**

# Bars & clubs
# PAR QUARTIER

## Le Royal Mile, de Castlehill à Lawnmarket (Quartier 2 - p. 28)

### ① WHISKI ROOMS
**Dégustation de whisky**

Élu *bar of the year* à plusieurs reprises, le chaleureux Whiski Rooms a un éventail impressionnant d'alcools ainsi qu'un large choix de burgers, mais son point fort, c'est le whisky. Tous les jours, il propose des dégustations de 4 *single malts* des principales régions productrices d'Écosse et de 4 fromages différents pour 25 £/pers. (durée : 1h).

**4-7 North Bank St., sur le trottoir qui fait face à la Bank of Scotland (H7) • ☎ 0131 225 7224 • www.whiskirooms.co.uk • T. l. j. 10h-1h.**

### ② JOLLY JUDGE
**Pub**

Plafond bas en bois peint, feu qui crépite, carte de *single malts* et de *real ales* (3,50 £ la pinte)... le temps s'est arrêté dans ce vieux pub douillet qui donne sur une place où vécut David Hume.

**7 James Court (H7) • ☎ 0131 225 2669 • www.jollyjudge.co.uk • Mar.-jeu. 12h-23h, lun. et ven.-sam. 12h-minuit, dim. 12h30-23h.**

## Le Royal Mile, High Street (Quartier 3 - p. 32)

### ③ SCOTTISH STORYTELLING CENTRE
**Bal traditionnel**

Juste à côté de la maison John Knox, le SSC accueille régulièrement des *ceilidhs*, sorte de bal écossais avec musique traditionnelle live, chants gaéliques, poèmes et surtout danses (rassurez-vous : les pas ne sont pas compliqués et il y aura toujours une bonne âme pour vous montrer les figures). Un avant-goût sur http://ceilidhexperience.visitscotland.com

**43-45 High St. (I7) • ☎ 0131 556 9579 • www.scottishstorytellingcentre.co.uk • *Ceilidh* : en général, à partir de 19h ou 19h30 (8-10 £).**

### ④ WHISTLE BINKIES
**Pub**

Quatre à six groupes défilent tous les soirs sur la scène de ce pub souterrain. On y fait le plein de rock, folk, blues ou world music dans une atmosphère de taverne. L'*open mic* du lundi pour musiciens de tous poils peut réserver des surprises.

4-6 South Bridge (I7) • ☎ 0131 557 5114 • www.whistlebinkies.com • T. l. j. 9h-3h • Entrée gratuite dim.-jeu. (avant minuit ven.-sam.) • Happy hours avant 20h.

## ⑤ ECCO VINO
### Bar à vins

Ce bar à vins convivial est très prisé à l'heure de l'apéro, surtout durant la saison des huîtres, qui viennent toutes de la côte ouest de l'Écosse (Oban). On peut aussi y partager une assiette d'*antipasti* pour 2 (12,95 £ la moyenne, 19,95 £ la grande) avec un verre de merlot (3,45 £), de barolo ou de shiraz. Dommage que la bande-son soit un peu forte !
**19 Cockburn St. (H7) • ☎ 0131 225 1441 • www.eccovinoedinburgh.com • Dim.-jeu. 12h-23h (cuisine 22h), ven.-sam. 12h-minuit (cuisine 23h).**

## ⑥ WHISKI
### Pub

Des musiciens se produisent tous les soirs dans ce pub chaleureux recouvert de photos et d'illustrations. Mais c'est surtout l'étape obligée des amateurs de whiskies : la carte compte plus de 300 références ainsi que des bières artisanales écossaises.
**119 High St. (I7) • ☎ 0131 556 3095 • www.whiskibar.co.uk • Lun.-jeu. 11h-1h, ven.-dim. 10h-1h (3h pendant le Festival).**

## ⑦ THE DEVIL'S ADVOCATE
### Bar-restaurant

Au bas de Cockburn St., le premier escalier à gauche du Motel-One conduit tout droit à « l'Avocat du

Ecco Vino

## Concerts à l'église

Chorales, ensembles classiques, organistes et chanteurs solistes se produisent à **St Giles Cathedral** (voir p. 32) lors des Lunchtime Concerts (gratuit) et Lunchtime Organ Music (collecte), les jours de semaine à partir de 12h15, et des rendez-vous de St Giles at Six, le dimanche à 18h (collecte). Le chœur de St Giles chante le dimanche (à 10h et 11h30). Vous pourrez écouter les jeunes choristes de **St Mary's Episcopal Cathedral** (voir p. 77), l'un des meilleurs chœurs de Grande-Bretagne, tous les jours de la semaine (17h30) et le dimanche (15h30). Vérifiez les programmes sur les sites Internet.

Diable », un bar-restaurant très animé et très tamisé, doté de tables en terrasse et de « séparés » comme dans un compartiment de train. Au menu : des plats ultralégers mais une quinzaine de cocktails aux noms rigolos (*Mieux vaut tard que jamais, Unusual Suspect*..., 7-10 £) et un choix impressionnant de whiskies.

**9 Advocates Close (H7) • ☎ 0131 225 4465 • www.devilsadvocateedinburgh.co.uk • T. l. j. 12h-1h (cuisines 12h-16h et 17h-22h).**

## Autour de Grassmarket (Quartier 6 - p. 48)

### ⑧ THE BOW BAR
**Pub**

Ni musique ni machines à jeux ne perturbent l'atmosphère tranquille de ce pub au charme désuet. Publicités oubliées, petites tables en bois usé, vieux comptoir... Un lieu authentique et plus de 300 whiskies (3-40 £).

**80 West Bow (H7) • ☎ 0131 226 7667 • www.thebowbar.co.uk • Lun.-sam. 12h-minuit, dim. 12h30-23h30.**

### ⑨ SANDY BELL'S
**Musique traditionnelle**

Petit paradis de la folk, ce pub en coin est connu pour ses sessions de musique traditionnelle et pour ses concerts (tous les jours vers 21h). Arrivez tôt si vous ne voulez pas passer toute la soirée debout, noyé dans une foule d'habitués et d'étudiants. En journée, c'est un pub classique à l'atmosphère tranquille (3,65 £ la pinte).

**25 Forrest Rd (H8) • ☎ 0131 225 2751 • www.sandybellsedinburgh.co.uk • Lun.-sam. 12h-1h, dim. 12h30-minuit.**

### ⑩ THE LIQUID ROOM
**Club**

Si vous aimez vous dandiner sur les sons indie et pop, filez dans ce club où ont lieu quelques-uns des concerts les plus attendus

de la capitale. D'excellents DJ prennent ensuite le relais devant un gigantesque dancefloor bondé et survolté. Terrasse pour fumeurs.
**9c Victoria St. (H7) • ☎ 0131 225 2564 • www.liquidroom.com • Concerts 19h-22h, club 22h-3h (sam. 21h-3h) • De 5 à 25 £, consultez le site web pour la programmation.**

## ⑪ OPIUM
### Bar-club

Allergique à la techno ? Optez pour une bonne dose d'Opium. Ici on se soigne à base de rock, de rock et de rock. Installé sur deux étages, c'est à la fois un bar et un club, tout en ombres et lumières rouges. Sur le dancefloor, on transpire sur des airs de glam-rock, de grunge ou de metal selon les soirs. Boissons à partir de 1,50 £.
**71 Cowgate (H7) • ☎ 0131 225 8382 • www.opiumedinburgh.co.uk • T. l. j. 20h-3h • Entrée gratuite (club parfois payant).**

## ⑫ DRAGONFLY
### Bar à cocktails

Dragonfly est un bar à cocktails funky, jeune et à taille humaine. Avec ses airs de boudoir, le décor est un mélange de chinoiseries, de lustres rétro, de plumes de paon, de baskets Adidas et de peintures hip-hop. Bref, des mélanges aussi inattendus que dans les verres à cocktail (autour de 6-7 £).
**52 West Port (G8) • ☎ 0131 228 4543 • www.dragonflycocktailbar.com • T. l. j. 16h-1h.**

Dragonfly

### ⑬ THE WHITE HART INN
**Pub**

Le plus vieux pub d'Édimbourg a ouvert en 1516. Burns y logea une semaine en 1791 et les visages des tueurs Burke et Hare sont sculptés sur les poutres. Concerts rock (jeu.-sam.) et folk (dim.) à 21h.
**34 Grassmarket (H7-8) • ☎ 0131 226 2806 • www.whitehart-edinburgh.co.uk • T. l. j. 10h-minuit.**

### ⑭ DANCEBASE
**Danse**

Tout au long de l'année, cette dynamique institution programme de courts spectacles de danse contemporaine et propose des cours de danses traditionnelles écossaises tous niveaux. Lancez-vous : vous aurez un bel aperçu de la bonne ambiance qui règne dans un *ceilidh*.
**14-16 Grassmarket (G7) • ☎ 0131 225 5525 • www.dancebase.co.uk • Spectacles mar.-dim. (8 £), cours de danses traditionnelles jeu. à 11h et 19h30 (7 £).**

### ⑮ THE LAST DROP
**Pub**

Son nom est un clin d'œil à la dernière pendaison publique du quartier. Un classique proposant des *real ales*, très animé comme les Maggie Dickson's ou Biddy Mulligan's voisins.
**74-78 Grassmarket (H7) • ☎ 0131 225 4851 • www.nicholsonspubs.co.uk • T. l. j. 12h-1h.**

## Le quartier de l'université (Quartier 7 - p. 52)

### ⑯ BANNERMAN'S
**Salle de concerts & pub**

Squattant une portion des catacombes de la ville, le Bannerman's est un whisky-bar rock'n'roll souvent bondé qui possède sa propre salle de concerts où se produisent groupes de rock et de metal. L'occasion de découvrir des talents locaux non signés et des groupes confirmés.
**212 Cowgate (I7) • ☎ 0131 556 3254 • www.bannermanslive.co.uk • Lun.-sam. 12h-1h, dim. 12h30-1h • Concert 4-13 £ à partir de 19h30, concert gratuit dim. à 16h, *open mic* dim. à 15h.**

### ⑰ FESTIVAL THEATRE
**Opéras, ballets, danse...**

Derrière sa façade de verre, le Festival cache un superbe auditorium néoclassique et Art nouveau où se produisent le Scottish Opera, le Scottish Ballet et le Royal Scottish National Orchestra. Un incontournable pour les amateurs d'opéras, de ballets et de danse contemporaine.
**13/29 Nicolson St. (I8) • ☎ 0131 529 6000 • www.edtheatres.com • Box office : lun. 10h-18h, mar.-sam. 10h-19h30 • 14,50-80 £.**

## ⑱ VILLAGER
### Bar lounge

Un bar lounge branché, ponctué de lustres vieillots, de dessins au pochoir, de miroirs et d'objets un peu kitsch. Le coin sofas, l'atmosphère musicale et les bons petits plats séduisent une clientèle d'étudiants, d'artistes et de designers (3,80 £ la bière, 6,75-12,75 £ le cocktail).

**49-50 George IV Bridge (H7) • ☎ 0131 226 2781 • www.villagerbar.com • T. l. j. 12h-1h (3h en août).**

## ⑲ CAPTAIN'S BAR
### Musique folk

Vous aimez les airs de gigues et le *fiddle* (violon) ? Ce minuscule bar est *the place to be* en matière de folk. On peut y écouter, entre autres, l'excellent groupe Cauldstane Slap, qui s'y produit régulièrement (en général, le 3^e^ sam. du mois). Pas d'en-cas mais du whisky à gogo et de la bière (Deuchars) à 3,80 £. Attention : il n'y a que 28 places assises.

**4 South College St. (I7) • ☎ 0749 355 5702 • http://captainsedinburgh.webs.com • T. l. j. à 14h (sam. dès 13h).**

Captain's Bar

## ⑳ THE JAZZ BAR
### Salle de concerts & bar

Pas moins de 22 concerts par semaine sont proposés dans ce bar en sous-sol. Pour commencer ou finir la soirée : *Teatime Acoustic* (mar.-dim. 18h-20h30 - 19h-20h30 sam - ; gratuit), *Early Gigs* (t. l. j. 21h-23h45), *Late Shot* (t. l. j. minuit-3h) et *Jazz Trio Session* (sam. 15h-17h30). Au programme : jazz, funk, soul, blues, hip-hop ou indie.

**1a Chambers St. (I7) • ☎ 0131 220 4298 • www.thejazzbar.co.uk • Lun.-ven. 17h-3h, sam. 14h30-3h (5h en août), dim. 14h30 (17h si pas de concert prévu l'après-midi)-3h (5h en août) • Concert 2-12 £.**

## ㉑ THE BRASS MONKEY
### Projection de films

Ambiance relax, recoins intimes et *backroom* parsemée de matelas et de coussins où s'affaler pour regarder des films (t. l. j. à 15h) sans débourser un penny ! Un spot chéri des étudiants et des footeux.

# Notre top des lieux
## OÙ ÉCOUTER DE LA MUSIQUE

**Session de musique folk improvisée dans un bar de quartier ou orchestre symphonique dans un prestigieux auditorium : les concerts, à Édimbourg, ne manquent pas ! Les talents non plus. Pour vous aider à les découvrir, voici notre top des meilleurs spots.**

### WHISKI

Des Muckle Flugga aux Gorms, la soirée promet d'être 100 % *Scottish*. Voir p. 122.

### SANDY BELL'S

Un très bon pub dans la catégorie folk et musique traditionnelle. Voir p. 123.

### THE ELECTRIC CIRCUS

À l'affiche de ce petit club, de la *live music* indépendante et souvent bonne. Voir p. 128.

### THE QUEENS' HALL

L'excellent Scottish Chamber Orchestra y joue d'octobre à mai. Voir p. 137.

### THE JAZZ BAR

Pour les amateurs de jazz, 22 concerts par semaine. Voir p. 126.

### USHER HALL

Rock, pop ou classique, c'est LE temple de la musique. Voir p. 132.

### ST GILES CATHEDRAL

Où les chorales et les orgues font frémir les cœurs. Voir p. 32 et 123.

The Jazz Bar

**14 Drummond St. (I7) • ☎ 0131 556 1961 • Lun.-sam. 12h-1h, dim. 12h30-1h.**

### ㉒ THE ROYAL OAK
**Pub**

Ce petit pub écossais à la déco brute de décoffrage est le lieu de rendez-vous des musiciens de la capitale. Il faut s'y rendre le soir pour l'ambiance 100 % locale et pour les concerts acoustiques de musique traditionnelle à partir de 21h. Ça folke sérieusement au Royal Oak !

**1 Infirmary St. (I7) • ☎ 0131 557 2976 • www.royal-oak-folk.com • Lun.-sam. 11h30-2h, dim. 12h30-2h • Concert gratuit ou 5 £.**

## Le long de Princes Street (Quartier 8 - p. 56)

### ㉓ THE ELECTRIC CIRCUS
**Bar-club**

Ce bar-club attire les jeunes branchés venus se déhancher sur des beats électros, assister à un concert de musique indé ou à une performance artistique. On peut pousser la chansonnette dans une cabine privée de karaoké (10-30 £/h pour un groupe de 6 pers. selon le jour). À vos *mics* !

**36-39 Market St. (H6) • ☎ 0131 226 4224 • www.theelectriccircus.biz • Lun.-jeu. 19h-1h, ven.-dim. 19h-3h.**

## New Town (Quartier 9 - p. 60)

### ㉔ THE STAND COMEDY CLUB
**Cabaret**

Jeunes talents et stars du rire britanniques ou étrangers se produisent dans ce cabaret qui occupe depuis 1995 le devant de la scène comique édimbourgeoise. Stand-up, improvisations et one-man-show se savourent en mangeant ou en buvant un verre. Éloignez-vous de la scène si vous ne voulez pas être mis à contribution. *Open mic* lun. à 2 £.

**5 York Pl. (D3) • ☎ 0131 558 7272 • www.thestand.co.uk • T. l. j. à partir de 19h30 • Entrée 6-15 £.**

### ㉕ BADGER & CO
**Pub**

La maison du romancier écossais Kenneth Grahame (auteur du *Vent dans les saules*, un classique de la littérature pour enfants) est aujourd'hui un pub très accueillant, au décor soigné (la pièce au fond est particulièrement réussie, avec son papier peint vert pâle et ses fauteuils club) et aux prix raisonnables. Attention, il fait salle comble les vendredis et samedis dès 18h.

**32 Castle St. (G6) • ☎ 0131 226 5430 • www.badgerandco.com • T. l. j. 8h-1h • Bière pression 2,25 £, verre de vin 5 £.**

## ㉖ TIGERLILY
### Bar à cocktails

Les sons des DJ résidents montent au rythme des shakers et des bouchons de champagne dans l'un des bars à cocktails les plus courus de la capitale. L'adresse pour se mêler au tout-Édimbourg dans un décor opulent et clinquant de miroirs, chandeliers et boules à facettes.

**125 George St. (C3) • ☎ 0131 225 5005 • www.tigerlilyedinburgh.co.uk • T. l. j. 7h-1h.**

## ㉗ THE VOODOO ROOMS
### Salle de concerts & pub

Un escalier discret conduit aux Voodoo Rooms, somptueuses salles victoriennes tout en noir et or, entre cabaret décadent et boudoir sensuel. Bar, club et salle de concerts, il s'y passe toujours quelque chose : concerts de musique indé, cabaret, performances, expos, soirées clubs et projections de films.

**19a West Register St. (H6) • ☎ 0131 556 7060 • www.thevoodoorooms.com • Lun.-jeu. 16h-1h, ven.-dim. 12h-1h • Entrée libre, concert 5-20 £ • Cocktail 6,95-17,95 £.**

## ㉘ BRAMBLE BAR
### Bar

Tout en coins et en recoins, ce bar labyrinthique sert des cocktails diablement délicieux (7 £). Classiques oubliés ou créations maison se dégustent dans une atmosphère plus décontractée que

Bramble Bar

dans les bars huppés de George St. DJ les vendredis et samedis soir.

**16a Queen St. (G6) • ☎ 0131 226 6343 • www.bramblebar.co.uk • T. l. j. 16h-1h.**

## ㉙ THE DIRTY MARTINI
### Bar à cocktails

Au-dessus du Sky Bar at Le Monde se cache un bar à cocktails glamour et sophistiqué où se produisent ensembles de jazz, big bands, pianistes ou artistes de cabaret tous les vendredis et samedis soir. Déco de velours bleuté et ambiance chandelles, idéal pour une soirée en amoureux.

**Au 1er étage du Sky Bar à l'hôtel Le Monde, 16 George St. (H6) • ☎ 0131 270 3939 • www.dirty-martini.co.uk • Jeu.-sam. 17h-3h • Entrée libre.**

## 30 THE ABBOTSFORD
**Pub**

Ouvert en 1902, il nous ramène à l'époque édouardienne, âge d'or des pubs écossais : panneaux de bois, plafond à moulures et *island bar* en bois. Belle carte de *single malts* et *real ales*.

**3-5 Rose St. (H6) • ☎ 0131 225 5276 • www.theabbotsford.com • Lun.-jeu. 11h-23h, ven.-sam. 11h-minuit, dim. 12h30-23h.**

## 31 THE CAFÉ ROYAL
**Pub**

Le plus beau pub de la ville au majestueux décor victorien : comptoir ovale, boiseries, miroirs, vitraux et céramiques peintes, rien n'a bougé depuis 1863 ! Le Royal est réputé pour ses plateaux d'huîtres.

**19 West Register St. (H6) • ☎ 0131 556 1884 • www.caferoyaledinburgh.co.uk • Lun.-mer. 11h-23h, jeu. 11h-minuit, ven.-sam. 11h-1h, dim. 12h30-23h.**

# Calton Hill et Broughton (Quartier 10 - p. 68)

## 32 RT'S BAR
**Bar d'hôtel**

Calton Hill a enfin un bar où l'on peut se poser après une bonne marche le long de l'interminable rue Royal Terrace : un boudoir tranquille que l'on apprécie pour ses fauteuils colorés et son décor arty (le propriétaire est collectionneur

Rt's Bar

## Le « triangle rose »

Connu sous le nom de *Pink Triangle*, le quartier gay et lesbien d'Édimbourg se déploie autour de Picardy Pl. et Broughton St. Pour boire un verre en soirée, le bar à DJ **Planet Bar** (53 6 Baxter's Pl., E2-3, ☎ 0131 556 5551; t. l. j. 13h-1h) est très animé le week-end. Le **CC Bloom's** (54 23 Greenside Lane, E3, ☎ 0131 556 9331, lun.-sam. 23h-3h, dim. 0h30-3h, entrée gratuite) est un club ultra-populaire. Autres adresses à la mode: **Chalky's** (55 4 Picardy Pl., D3, www.chalkysedinburgh.co.uk), **The Regent** (56 2 Montrose Terrace, F3, www.theregentbar.co.uk) et **The Street** (57 2 Picardy Pl., D3, www.thestreetbaredinburgh.co.uk).

d'art). Ses meilleurs whiskies sont chers mais il a une quarantaine de cocktails à moins de 10 £.

**24 Royal Terrace (E3) • ☎ 0131 297 2424 • www.24royalterrace.com • T. l. j. 11h-minuit.**

### 33 THEATRE ROYAL
**Pub**

Tapissé d'affiches de pièces de théâtre, de comédies musicales et de concerts avec autographes, ce pub cossu est pris d'assaut avant et après les représentations du Playhouse Theatre.

**25-27 Greenside Pl. (E3) • ☎ 0131 557 2142 • www.theatreroyalbar.co.uk • Lun.-jeu. 12h-minuit, ven.-sam. 12h-1h, dim. 12h30-minuit • Pinte autour de 3,50 £.**

### 34 JOSEPH PEARCE'S
**Pub**

Un vieux pub, connu de tous les Édimbourgeois, métamorphosé par un couple de Suédois en café lumineux et bohème. Hauts plafonds, lustres d'époque et vieux comptoir sont toujours là, mais les bobines de *hipsters* branchés ont remplacé la clientèle traditionnelle. Anna et Mike sont aussi propriétaires des bars-cafés Boda et Victoria (226 et 265 Leith Walk), Akva (129 Fountainbridge), Sofi's (65 Henderson St.) et Hemma (73 Holyrood Rd), tout aussi cool.

**23 Elm Row, Leith Walk (E2) • ☎ 0131 556 4140 • www.bodabar.com • Dim.-jeu. 11h-minuit, ven.-sam. 11h-1h.**

### 35 THE EDINBURGH PLAYHOUSE
**Comédies musicales**

Un vieux théâtre très populaire et au charme désuet où sont jouées les comédies musicales à succès de Broadway ou de Londres *(Chicago, Le Fantôme de l'opéra, Dirty Dancing, Footloose)* et qui accueille parfois des opéras populaires et des concerts.

**18-22 Greenside Lane (E3) • Infos : ☎ 0844 871 7627 • Résa : ☎ 0844 871 3014 • www.atgtickets.com • 12,50-65 £.**

### ㊱ PICKLES OF BROUGHTON STREET
**Pub**

Il séduit par sa courette, au pied des marches, et par son décor chaleureux où l'on vient se réfugier dès la sortie du bureau autour d'une bière écossaise (Deuchars, Belhaven) et d'une assiette de cheddar de l'île d'Arran ou de petits pâtés. Le cidre vient d'Irlande, le vin du Chili, d'Afrique du Sud et de Nouvelle-Zélande. Très bonne ambiance.
**56a Broughton St. (D2) • ☎ 0131 557 5005 • www.getpickled.co.uk • Lun.-jeu. 16h30-minuit, ven.-sam. 16h-1h, dim. 16h-minuit • Bière 3,80 £.**

### ㊲ ROLLO
**Bar à vins**

C'est le nouveau *winebar* à la mode, un endroit agréable pour siroter un verre de bon vin sur une bande-son relaxante. En accompagnement, des verrines couscous-feta-roquette-clémentine et autres audacieuses tapas. L'intérieur, lui aussi, est original : l'artiste Rollo l'a parsemé de sculptures et de coussins siglés *boom, fabulous*...
**14 Broughton St. (D3) • ☎ 0131 556 5333 • Lun.-jeu. 12h-23h, ven.-dim. 12h-1h • Verre de vin 5-7 £, tapas 7-8,50 £.**

### ㊳ THE CONAN DOYLE
**Pub**

Derrière la façade noire aux lettres dorées se cache un pub traditionnel qui a indéniablement du charme, même si son nom lui attire de nombreux touristes (l'auteur des *Aventures de Sherlock Holmes* est né juste à côté, Picardy Pl., en 1859). À tester pour le décor intérieur et pour les bières, plus que pour les robustes tourtes *(pies)*. Si vous avez réservé, vous pourrez peut-être décrocher un guéridon près des fenêtres.
**71-73 York Pl. (D3) • ☎ 0131 557 9539 • www.nicholsonspubs.co.uk • Dim.-jeu. 12h-23h, ven.-sam. 12h-minuit • Bière 4 £.**

## Dean Village et le West End (Quartier 11 - p. 74)

### ㊴ USHER HALL
**Salle de concerts**

Construite en 1914, cette superbe salle en rotonde est le siège du RSNO, le Royal Scottish National Orchestra. Elle est réputée pour son excellente programmation de musique classique, mais on y apprécie également des concerts de jazz, de pop ou de rock ainsi que des *ceilidhs*. La plus grande salle de la ville a accueilli Ella Fitzgerald, les Rolling Stones ou encore Beck.

Usher Hall

Lothian Rd (C4) • ☎ 0131 228 1155 • www.usherhall.co.uk • Box office : lun.-sam. 10h-17h30, dim. 13h-17h30 (s'il y a un spectacle) • À partir de 20-30 £.

## ⑩ TRAVERSE THEATRE
### Théâtre

Le Trav', pour les habitués, soutient depuis 1963 la nouvelle dramaturgie écossaise. Il distille une programmation audacieuse, inventive et de qualité saluée en Grande-Bretagne. Son café est le QG du Festival d'Édimbourg, où se croisent artistes, stars et festivaliers (voir p. 138-139).

10 Cambridge St. (C4) • ☎ 0131 228 1404 • www.traverse.co.uk • Box office : lun.-sam. 10h-18h, dim. 2h avant la représentation • 10-17 £.

## Et si on se faisait une toile ?

**• Filmhouse**

Films d'auteur, grands classiques et rétrospectives en VO sont au programme de ce cinéma indépendant de trois salles, hôte du Festival international du film d'Édimbourg (voir p. 16).

**㊶ 88 Lothian Rd (C4) • ☎ 0131 228 2688 • www.filmhousecinema.com • Ticket 8-12 £.**

**• Cameo**

Construit en 1914 et restauré en 1949, l'un des plus vieux cinémas d'Écosse encore en fonctionnement avec son décor rétro. Films d'art et d'essai et cinéma *mainstream*.

**㊷ 38 Home St. (C5) • ☎ 0871 902 5723 • www.picturehouses.co.uk • Ticket 7-12,50 £.**

**• Dominion**

Les Édimbourgeois affectionnent ce cinéma indépendant du Morningside logé dans un bâtiment Art déco de 1938. On y va pour l'atmosphère désuète, moins pour la programmation, populaire et familiale.

**18 Newbattle Terrace (HP par C5) • ☎ 0131 447 4771 • www.dominioncinemas.net • Ticket 6,90-10,95 £.**

# Nos meilleurs PUBS

**Historique, traditionnel ou moderne, le pub est le lieu de sociabilité par excellence. On vient y boire un verre et discuter entre amis, jouer aux fléchettes ou pousser la chansonnette (les soirées quiz et karaoké sont très populaires ces temps-ci). Voici nos préférés.**

## PICKLES OF BROUGHTON STREET

Un sous-sol chaleureux dans le quartier de Broughton. Voir p. 132.

## THE BOW BAR

Pour son large choix de bières et de *single malts*. Voir p. 123.

## THE ABBOTSFORD

Pintes et petits plats dans un décor édouardien. Voir p. 130.

## WHISKI

Un brin touristique mais si *Scottish* ! Avec haggis, musique folk et whisky bien sûr. Voir p. 122.

## THE ROSELEAF

Pour ses cocktails en théière et son service souriant. Voir p. 136.

## BADGER & CO

Le pub dans sa version moderne, élégante et branchée. Voir p. 128.

Badger & Co

## ㊸ THE CITRUS CLUB
**Concerts & pub**

Plus de vingt ans d'existence pour ce dinosaure de la scène-club édimbourgeoise, prisé pour ses *tribute band parties* (The Smiths, New Order...), ses concerts de musique indé et ses soirées clubs où les sons new wave et punk se mêlent aux grands classiques des *eighties*.
**40-42 Grindlay St. (C4) • ☎ 0131 622 7086 • www.citrusclub.co.uk • Ven.-sam. 22h30-3h (à partir de 19h pour les concerts) • Entrée autour de 6 £.**

## ㊹ ROYAL LYCEUM THEATRE
**Théâtre**

*Tartuffe, Faust, Les Liaisons dangereuses*... Les grandes pièces de théâtre issues du répertoire classique sont jouées dans l'auditorium de ce magnifique bâtiment victorien, voisin de l'Usher Hall. On y donne aussi des ballets et des comédies musicales.
**Grindslay St. (C4) • ☎ 0131 248 4848 • www.lyceum.org.uk • Box office : lun.-sam. 10h-17h • 10-32 £.**

# Stockbridge (Quartier 12 - p. 78)

## ㊺ THE ANTIQUARY
**Pub**

Enfoui dans un *basement*, un pub *old-fashioned* et populaire de Stockbridge, où l'on papote au coin du feu. Les animations se succèdent : poker le mardi, quiz le mercredi, sessions folk le jeudi à 20h30 et retransmissions sportives.
**72-78 St Stephen St. (C2) • ☎ 0131 225 2858 • www.theantiquarybar.co.uk • Lun. 16h-23h, mar. 16h-minuit, mer.-ven. 12h-minuit (1h jeu.-ven.), sam. 11h30-1h, dim. 11h-minuit.**

## ㊻ THE BAILIE
**Pub**

Quiz (mar.), concerts (ven.) et retransmissions sportives animent ce *spit and sawdust pub* de 1870, ancien bar ouvrier en *basement* où cheminée et photos sépia ont remplacé sciure au sol et crachoirs (ouf !).
**2-4 St Stephen St. (C3) • ☎ 0131 225 4673 • www.thebailiebar.co.uk • Lun.-jeu. 11h-minuit, ven.-sam. 11h-1h, dim. 12h30-minuit.**

# Leith (Quartier 13 - p. 82)

## ㊼ THE PORT O'LEITH
**Pub**

Petite plongée dans le Leith authentique, ce pub *cheap* et populaire, recouvert de drapeaux de bateaux, n'est plus le seul repaire des marins et des dockers, mais l'ambiance est assurément 100 % locale... Aux fans de

The Pond

*Trainspotting* : Irvine Welsh était un habitué des lieux.
**58 Constitution St. (plan p. 82) • ☎ 0131 554 3568 • Lun.-sam. 9h (12h en été)-1h, dim. 12h30-1h.**

## ㊽ THE ROSELEAF
**Pub**

Pour siroter des Pot-tails, cocktails servis dans des théières, au cœur d'un décor de papier peint fleuri, boiseries, porcelaines *British* et machines à écrire. Bonne *pub food* maison saupoudrée de musique indie.
**23-24 Sandport Pl. (plan p. 82) • ☎ 0131 476 5268 • www.roseleaf.co.uk • T. l. j. 10h-1h.**

## ㊾ THE POND
**Pub**

« Une touche de couleur dans le Leith le plus profond et le plus sombre »... Les amateurs de polars aimeront l'atmosphère qui enveloppe ce vieux pub perdu au milieu des entrepôts du port. Derrière une devanture vert et jaune, The Pond cache un vieil intérieur repeint dans des couleurs pimpantes. Très grand choix de bières (3,50 £ la pinte) à siroter dans les canapés ou dans le *beer garden* où sont parfois organisés des barbecues.
**À l'angle de Salamander St. et Bath St. (plan p. 82) • ☎ 0131 553 0639 • www.thepondleith.co.uk • Lun.-ven. 16h-minuit, sam.-dim. 14h-1h.**

## ㊿ TEUCHTERS LANDING
**Pub**

Baigné par les eaux du canal, ce pub atypique occupe une ancienne *ferry house* en brique où l'on se réchauffe en hiver autour d'un vieux poêle (petit déjeuner, petite restauration le midi et carte de 90 whiskies). Un recoin tapissé de vieilles cartes géographiques conduit au conservatoire lumineux où niche le restaurant A Room in Leith. En été, la terrasse invite au bain de soleil.
**1c Dock Pl. (plan p. 82) • ☎ 0131 554 7427 • www.aroomin.co.uk • Lun.-ven. 17h-22h, sam.-dim. 12h-22h.**

# Hors visite

## ⑤① THE QUEEN'S HALL
### Salle de concerts

Siège du mondialement célèbre Orchestre de chambre d'Écosse, cette église reconvertie en salle de concerts intimiste propose une programmation musicale éclectique. Du classique bien sûr, mais aussi du jazz, de l'électro, du blues, de la folk, de la pop et du rock...

**Clerk St. (E5) • ☎ 0131 668 2019 • www.thequeenshall.net • Box office : lun.-sam. 10h-17h15 • 10-30 £.**

## ⑤② KING'S THEATRE
### Comédies musicales

Construit en 1905, le King est une vieille dame de la capitale qui possède le charme des théâtres traditionnels avec ses riches ornements. Beaucoup de comédies musicales *(The Full Monty)*, des créations du Royal National Theatre ou de troupes ambulantes, et la fameuse pantomime de Noël.

**2 Leven St. (C5) • ☎ 0131 529 6000 • www.edtheatres.com • Box office : lun.-sam. 10h-18h • 12-30 £.**

The Queen's Hall

# Le Festival d'Édimbourg

**Chaque année au mois d'août, le monstre se réveille. Une véritable frénésie culturelle s'empare de la ville, attirant plus d'un million de visiteurs. Derrière le plus grand festival artistique au monde se cachent en fait plusieurs manifestations. Théâtre, musique classique, expos d'art, littérature, concerts de jazz, ce festival imprévisible et riche en surprises est unique !**

## EDINBURGH INTERNATIONAL FESTIVAL

Depuis 1947, la prestigieuse institution offre ce qu'il y a de meilleur en matière d'opéra, de musique classique, de théâtre et de danse dans les plus grandes salles de la ville. Point d'orgue de trois semaines de programmation brillante, le concert donné dans les jardins de Princes St. et le spectaculaire feu d'artifice qui illumine le château.

**The Hub, Castlehill (H7) • ☎ 0131 473 2000 • www.eif.co.uk**

## EDINBURGH INTERNATIONAL BOOK FESTIVAL

Avec un tel héritage littéraire, Édimbourg se devait d'avoir son festival du livre. Lancé en 1983, c'est aujourd'hui le plus grand festival littéraire des îles Britanniques. Il a lieu la dernière quinzaine d'août dans le cadre raffiné de Charlotte Square. Investi par plus de 800 écrivains de renommée mondiale et par de jeunes auteurs à découvrir, le village vit au rythme des lectures, des débats et des dédicaces (accès libre aux jardins).

**Résa : ☎ 0845 373 5888 (de mi-juin à fin août) • www.edbookfest.co.uk**

## FESTIVAL CITY

Autres rendez-vous du mois d'août, l'Edinburgh Art Festival déballe ses œuvres d'art partout dans la ville ; le Mela célèbre la diversité culturelle ; et le Festival of Politics lance le débat. **Retrouvez plus d'informations p. 16-17.**

## Le parcours du combattant

Le succès du Festival impose à tout visiteur de préparer son séjour longtemps à l'avance. Se loger, réserver une table ou se déplacer ne se fait pas sans embûches, mais surtout, la richesse de la programmation déroute souvent les festivaliers. Pour éviter les déceptions, consultez le site **www.edinburgh-festivals.co.uk,** procurez-vous le programme des festivals avant votre départ et réservez vos places dès que possible.

## EDINBURGH FESTIVAL FRINGE

Développé en marge du Festival international, le Fringe s'est imposé comme le plus grand rendez-vous mondial du spectacle vivant. Théâtre, spectacles comiques ou pour enfants, concerts, cirque, danse, la programmation est une véritable performance. Il vous faudrait des années pour voir les 2 500 spectacles qui investissent tous les ans les salles, les églises, les parcs, les pubs et les rues de la ville. Si vous êtes prêt à affronter la foule, des performances impromptues se déroulent sur le Royal Mile. Cosmopolite, avant-gardiste, impertinent, excentrique, le Fringe est bel et bien la star du mois d'août ! Le programme, gratuit, fait 452 pages !

**180 High St. (H7/I7) • ☎ 0131 226 0026 • Box office : ☎ 0131 226 0000 • www.edfringe.com**

## EDINBURGH JAZZ & BLUES FESTIVAL

Depuis 1978, Édimbourg swingue au rythme du jazz la dernière dizaine de juillet et fait monter l'ambiance avant les festivités du mois d'août. Rencontre de la scène écossaise et des grandes stars internationales, mix de toutes les tendances et de toutes les générations, l'excellente programmation s'éparpille dans les salles et les bars de la ville. Le festival s'achève avec la parade haute en couleur du Carnaval, qui donne à Princes St. des airs de Nouvelle-Orléans (le clou du festival), un marché à Grassmarket et des spectacles de rue à Rose St.

**The Hub, Castlehill (H7) • ☎ 131 473 2000 • www.edinburghjazzfestival.com**

## EDINBURGH MILITARY TATTOO

Depuis sa première édition en 1950, la grande parade militaire qui se déroule à l'ombre du château a acquis une renommée mondiale. Pendant trois semaines, 220 000 spectateurs se serrent sur les gradins de l'esplanade, tandis que 100 millions de personnes à travers le monde suivent sa retransmission à la télévision. Outre les ensembles de cornemuses et de tambours de régiments écossais, le Tattoo accueille des groupes, des danseurs et des troupes de parade du monde entier, soit près de 1 000 participants ! Un spectacle saisissant pour les adeptes de la pompe militaire, clôturé par le tableau émouvant d'un joueur de cornemuse perché sur les remparts.

**The Tattoo Office • 1 Cockburn St. (H7) • ☎ 0131 225 1118 • www.edintattoo.co.uk**

# Boutiques

## PAR QUARTIER

# Les coups de cœur DE NOTRE AUTEUR

**Notre auteur a arpenté la ville pour dénicher petites échoppes cachées et boutiques originales. Entre mode, accessoires, idées cadeaux et vintage, voici ses adresses préférées.**

## JOYCE FORSYTH

Une superbe collection 100 % maille. Voir p. 153.

## ARMSTRONGS

Un formidable stock de vêtements vintage. Voir p. 155.

## WALKER SLATER

Pour ses gilets en tweed des Shetland. Voir p. 151.

Isle of Skye Candle Company

Anta

## ANTA

Des objets contemporains avec une subtile touche écossaise. Voir p. 158.

## STOCKBRIDGE MARKET

Le rendez-vous des petits producteurs de la région. Voir p. 170.

## ISLE OF SKYE CANDLE COMPANY

Toutes les senteurs de l'île de Skye. Voir p. 156.

## THE WHISKY SHOP

Pour ses nectars ambrés et ses fûts maison. Voir p. 157.

# À SAVOIR

## HORAIRES D'OUVERTURE

Les magasins ouvrent généralement du lundi au samedi de 9h-10h à 17h30-18h en continu, avec parfois une nocturne le jeudi (19h ou 20h) chez certains commerçants. Le dimanche, la plupart sont ouverts de 11h à 17h. Enfin, les magasins ouvrent plus longtemps pendant le mois précédant Noël et durant le Festival.

## SOLDES

**Il y a trois périodes de soldes en Écosse,** après Noël *(Boxing Day)*, au printemps et en été, mais sachez que les magasins peuvent offrir des rabais à n'importe quel moment de l'année.

## ÉQUIVALENCE DES TAILLES ET POINTURES

| | | | | | | | | |
|---|---|---|---|---|---|---|---|---|
| Femmes | | | | | | | | |
| France | 36 | 38 | 40 | 42 | 44 | 46 | | |
| Écosse | 8 | 10 | 12 | 14 | 16 | 18 | (robes, jupes, pantalons) | |
| | 30 | 32 | 34 | 36 | 38 | 40 | (pulls, corsages, tee-shirts | |
| Pointures | | | | | | | | |
| France | 36 | 37 | 38 | 39 | 40 | 41 | 42 | 43 |
| Écosse | 3 | 4 | 5 | 6 | 7 | 8 | 9 | 10 |
| Chemises hommes | | | | | | | | |
| France | 38 | 39 | 40 | 41 | 42 | 43 | | |
| Écosse | 14,5 | 15 | 15,5 | 16 | 16,5 | 17 | | |

**SE REPÉRER**

**Chaque adresse de boutique est associée à une pastille rouge numérotée. Vous retrouverez toutes les adresses positionnées sur le plan détachable.**

# Boutiques
# PAR QUARTIER

## Castle Rock (Quartier 1 - p. 22)

### ① FARMERS' MARKET
**Marché**

Ne manquez pas ce marché qui s'installe sur une grande esplanade au pied du château tous les samedis. Une myriade de petits producteurs proposent leurs produits de la ferme : bœuf des Highlands, fruits et légumes de saison, bières, liqueurs, chutneys, miels et confitures.

**Castle Terrace (G7) • www.edinburghfarmersmarket.co.uk • Sam. 9h-14h.**

## Le Royal Mile, de Castlehill à Lawnmarket (Quartier 2 - p. 28)

### ② NESS
**Tweed**

Une enseigne qui renverse les clichés du tweed. Ness revisite les classiques en y insufflant une dose de fantaisie. Les vêtements pour femmes arborent les tons les plus doux et des coupes très *girly*. Un manteau (à partir de 80 £), un sac à main (entre 29 et 65 £) et une paire de bottes en tweed, et vous voilà la plus gaie et la plus funky des Écossaises !

**336 Lawnmarket (H7) • ☎ 0131 225 8815 • www.ness.co.uk • T. l. j. 10h-18h (23h pendant le Festival).**

### ③ CODA
**Disquaire**

Expert en musique traditionnelle, ce disquaire est une référence pour la musique écossaise folk, world et country. Les grands airs repris à la cornemuse se mêlent au talent des célèbres violonistes écossais Aly Bain ou Alasdair Fraser et à la douce voix et aux chants gaéliques de Julie Fowlis.

**12 Bank St. (H7) • ☎ 0131 622 7246 • Lun.-sam. 9h30-17h30, dim. 11h-17h.**

## Le Royal Mile, High Street (Quartier 3 - p. 32)

### ④ SWISH
**Mode homme**

Swish est une sorte de bar à tee-shirts, où l'on commande au comptoir le modèle, la couleur et le design (22-35 £). Vous pouvez soumettre une illustration de votre cru ou feuilleter les catalogues à la recherche de votre star préférée

Cookie

ou de votre film culte. Vous repartirez aussitôt avec votre tee-shirt *Star Wars*, Wonder Woman ou Sex Pistols... Grand choix de tee-shirts déjà imprimés pour hommes, femmes et enfants.

**50 Cockburn St. (I7) • ☎ 0131 226 7020 • www.swishlife.co.uk • Lun.-sam. 9h30-18h, dim. 12h-17h.**

## ⑤ THE TAPPIT HEN
### Bijoux traditionnels

Une maison sérieuse pour les amateurs de bijoux « celtes » et écossais traditionnels. Parmi les grands classiques en or et en argent, la bague Luckenbooth (55 £), avec son cœur surmonté d'une couronne, est le symbole d'Édimbourg. On dit qu'elle protège les amoureux des mauvais sorts. Autres souvenirs typiques, le chardon, fleur nationale, ou le lion rampant, symbole royal écossais. Mais aussi des bijoux Art nouveau, des broches traditionnelles et des fioles à whisky.

**89 High St. (I7) • ☎ 0131 557 1852 • www.tappithen.co.uk • Tte l'année : lun.-sam. 10h-17h (18h30 en juil.), dim. 12h-16h ; août : lun.-ven. 10h-21h, sam. 10h-19h, dim. 12h-16h.**

## ⑥ COOKIE
### Mode femme

Des petites robes à croquer (25-80 £) que les lolitas écossaises s'arrachent tout en louchant sur les jupes bobos, la myriade de tee-shirts tendance *eighties* et les tops version kimono. Univers tout en couleurs, Cookie mixe les ingrédients les plus funkys pour être à la page : Eucalyptus ou Lindy Bop pour n'en citer que quelques-uns. Pour la touche ultime, bijoux et accessoires faits main.

**29a/31 Cockburn St. (H7) • ☎ 0131 622 7260 • T. l. j. 10h-18h.**

## ⑦ PIE IN THE SKY
### Mode femme

Le repaire des *girls* branchées ! Pour satisfaire leur gourmandise, un gisement immense de fringues qui reflètent les dernières tendances de la rue. Idéal pour se fabriquer selon l'humeur un look rock chic, bohème, *baby-doll* ou kitsch années 1980 (robes de 29 à 60 £). Quant au choix des bijoux, il est étourdissant. Le petit plus : vous bénéficiez de 10 % de réduction sur présentation de la carte d'étudiant.

**47 Cockburn St. (H7) • ☎ 0131 220 1477 • www.indie-edinburgh.com • T. l. j. 10h-18h.**

## ⑧ THE NUTCRAKER CHRISTMAS SHOP
### Décorations de Noël

Cette boutique est entièrement consacrée à la fête de Noël et propose des décorations traditionnelles, parfois très kitsch, pour le sapin et la maison, des crèches, des statuettes du Père Noël, d'angelots et de lutins, des guirlandes de bonshommes de neige et de grosses chaussettes à accrocher sur la cheminée (à partir de 4,99 £). Vivement qu'il neige !

**52 High St. (I7) • ☎ 0131 558 8228 • T. l. j. 10h-16h (18h en été).**

## ⑨ MISS KATIE CUPCAKE
### Bijoux

Entre porcelaine fleurie, plateaux à cupcakes, assiettes kitsch transformées en pendules, cages à oiseaux et boîtes en fer rétro, la petite boutique de Katie pullule de bijoux à croquer. Sautoirs *tea party*, boucles d'oreilles à fleurs, camées d'inspiration victorienne... Au rang des *must have*, les pendentifs renfermant des timbres britanniques vintage (env. 22 £) et les bijoux créés avec des éclats de porcelaine. *So cute !* Deuxième boutique au 19 East Market St., Arch 10 (I6).

**52 Cockburn St. (I7) • ☎ 0796 920 2214 • www.misskatiecupcake.com • Lun.-sam. 9h30-18h30, dim. 10h-18h.**

Miss Katie Cupcake

## ⑩ GEOFFREY (TAILOR) HIGHLAND CRAFTS
### Kilt

Ici, le kilt est une affaire de famille, et cela dure depuis quarante ans (320 £ en prêt-à-porter) ! Il faudra patienter de six à huit semaines pour vous faire livrer votre kilt sur mesure (200-350 £ à la machine, 400-500 £ à la main). En attendant, faites le plein d'accessoires : boutons de manchette, broches et boucles de ceinture aux motifs celtiques, cravates en tartan...
**57-61 High St. (I7) • ☎ 0131 557 0256 • www.geoffreykilts.co.uk • Lun.-sam. 9h30-18h, dim. 10h30-17h30.**

## ⑪ ROYAL MILE WHISKIES
### Whiskies

Que vous soyez novice ou grand connaisseur, vous serez parfaitement conseillé pour choisir une bouteille de whisky parmi les 500 références que propose la maison. Les bouteilles des plus grandes distilleries écossaises côtoient les plus confidentielles. Comptez 38,95 £ pour un Glenkinchie 12 ans d'âge.
**379 High St. (H7) • ☎ 0131 225 3383 • www.royalmilewhiskies.com • T. l. j. 10h-18h.**

## ⑫ OLD TOWN CONTEXT
### Souvenirs

C'est le royaume des souvenirs rétro : mugs, torchons, plaques publicitaires, carnets, cartes postales, magnets (2,50 £), jouets, valises et sacs en toile se la jouent vintage. On trouve aussi des rééditions de montres à gousset (à partir de 39 £), des fioles à whisky, des cannes et des chaussures de rugby *old school* ! Pour un souvenir local, de belles illustrations d'Édimbourg et du Forth Bridge façon siècle dernier.
**42-44 Cockburn St. (H7) • ☎ 0131 629 0534 • www.oldtowncontext.co.uk • Lun.-sam. 10h-18h, dim. 11h-17h.**

## ⑬ LAVA
### Souvenirs

Une adresse aux accents pop qui regorge d'objets d'inspiration rétro, kitsch et rigolos ! Quelques idées pour faire plaisir sans se ruiner : mugs arty (5,99 £), miroirs de poche Art nouveau, sacs Superman, valises en carton *girly*, plateaux en fer illustrés de vieilles publicités et reproductions de Banksy.
**33 Cockburn St. (H7) • ☎ 0131 622 9049 • Lun.-ven. 9h30-18h, dim. 12h-17h.**

## ⑭ UNDERGROUND SOLU'SHN
### *Vinyl shop*

Le scratch vous démange ? Dernier survivant de la capitale, ce *vinyl shop* spécialisé dans les musiques électroniques est le repaire des DJ. Outre le très grand choix de vinyles dubstep, house, techno et drum and bass (autour de 10 £), on y trouve tout l'équipement pour enflammer les dancefloors : platines, casques, tables de mixage.

9 Cockburn St. (H7) • ☎ 0131 226 2242 • www.undergroundsolushn.com • Lun.-sam. 10h-18h (19h jeu.), dim. 12h-18h.

## Le Royal Mile, Canongate (Quartier 4 - p. 36)

### ⑮ PINNIES
**Gourmandises**

Vous aimez les *shortbreads* ? Testez ceux de Jennifer ! Qu'ils soient à la cannelle ou au gingembre, aux graines de pavot ou au citron, ils sont tous délicieux ! Et ça commence à se savoir : la reine du biscuit sablé fait partie du trio des meilleurs « *bakers of the year 2016* ». Avec son équipe, elle en confectionne 14 000 pour le seul mois d'août !

26 St Mary's St. (I7) • ☎ 0131 261 7012 • www.pinniesandpoppyseeds.com • Mar.-sam. 10h-17h30 (18h jeu.), dim. 11h-16h.

### ⑯ SOLO
**Mode homme**

Pour les hommes qui aiment le style urbain, chic et branché,

Pinnies

Solo diffuse vêtements de créateurs et de grandes marques internationales (Religion, Energie, Rough Justice...). Denims, polos (autour de 50 £), chemises, ceintures, chaussures en cuir ou baskets aux couleurs punchy, on peut s'y habiller de la tête aux pieds, pour le jour ou pour le soir.
**276 Canongate (I7) • ☎ 0131 558 7682 • Lun.-sam. 10h30-18h, dim. 12h-17h.**

## ⑰ CORNICHE
### Mode femme

Une boutique relax et sans prétention où l'on est tenté de succomber à une robe de créateur. Depuis plus de trente ans, Nina et Ian s'échinent à découvrir les jeunes stylistes de talent. Avant-garde, exclusivités et références se partagent les portants : Sandrine Philippe, Rundholz, Masnada, High et les robes sexy aux imprimés bizarres de Vivienne Westwood Anglomania (env. 300 £).
**2-4 Jeffrey St. (I7) • ☎ 0131 556 3707 • www.corniche.org.uk • Lun.-sam. 10h30-17h30.**

## ⑱ RAGAMUFFIN
### Tricots écossais

Ragamuffin est célèbre pour ses tricots écossais et irlandais. Du classique au branché, du traditionnel au contemporain, il y en a pour tous les goûts et pour tous les budgets (entre 75 et 250 £). Vous serez aussi séduit par les douces écharpes colorées, les chapeaux en patchwork de tweed, les capes, les manteaux, les ensembles en lin et toute une ligne d'accessoires et de bijoux.
**Canongate, à l'angle de St Mary's St. (I7) • ☎ 0131 557 6007 • Lun.-sam. 10h-17h, dim. 12h-17h.**

## ⑲ CRANACHAN & CROWDIE
### Souvenirs

Ce n'est pas un attrape-touriste mais une boutique spécialisée dans les produits du pays : cidre de Dunbar (Thistly Cross Cider), cosmétiques à base d'algues (Sea Kelp), paillettes d'algues récoltées sur les côtes du Fife (Mara Seaweed) que l'on peut saupoudrer sur le saumon ou les œufs coque... Nous, on a craqué pour la gamme de thés à la fleur de chardon et fleur de bruyère éditée par l'Edinburgh Tea Company. La boîte est *so cute*...

Cranachan & Crowdie

263 Canongate (I7) • ☎ 0795 158 7420 • www.cranachanandcrowdie.com • T. l. j. 11h-18h.

## ⑳ CANONGATE JERSEYS & CRAFTS
### Tricots écossais

Voilà une des rares boutiques du Royal Mile qui fleure bon l'authentique ! Depuis plus de trente ans, Heather et Julie, mère et fille dans la vie, proposent de véritables tricots des Shetland aux motifs traditionnels et confectionnés à la main (pulls 90-130 £, gants 14-62 £, écharpes, bonnets...), des casquettes, des chaussons et des sacs en tweed, ainsi que des bijoux et des capes celtiques. Du 100 % *Scottish* !

**164-166 Canongate (E4) • ☎ 0131 557 2967 • www.canongatecrafts.co.uk • T. l. j. 10h-17h.**

## ㉑ LICKETY SPLITS GALLERY
### Sucreries

Il suffit de jeter un œil aux étagères débordant de sucreries vintage pour retomber en enfance : souris sucrées, soucoupes volantes, *lollipops* géantes, distributeurs Pez, chamallows, bonbons gélifiés (1,60 £ les 100 g)... Surprise, la confiserie est doublée d'une galerie où sont exposées les créations d'artistes locaux : photos, bijoux, cartes postales, carnets...

**6 Jeffrey St. (I7) • ☎ 0131 629 0109 • Lun.-sam. 11h-17h30, dim. 12h-16h.**

## ㉒ PRESENT
### Souvenirs

C'est le genre de boutique où l'on prend le temps de butiner pour dégoter un petit cadeau original. Une profusion de bijoux kitsch ou *girly* et de babioles de designers écossais côtoient téléphones à la silhouette *fifties*, vaisselle en plastique, trousses, porte-clés, accessoires en vinyle faits main et cartes postales (3-4 £).

**18 St Mary's St. (I7) • ☎ 0131 556 5050 • www.presentboutique.co.uk • Lun.-sam. 10h-18h, dim. 12h-17h.**

## ㉓ THE FUDGE HOUSE OF EDINBURGH
### Fudges (friandise)

Depuis cinquante ans, la maison régale les gourmands avec ses fudges artisanaux. Cette friandise à base de sucre, de lait et de beurre s'habille des arômes les plus divers : caramel, rhum et raisin, chocolat-menthe ou orange, nougat italien (1,30-1,80 £ la pièce)... Parfaite pour accompagner le thé ou le café, elle se conserve un mois.

**197 Canongate (I6) • ☎ 0131 556 4172 • www.fudgehouse.co.uk • Lun.-sam. 10h-17h30 (18h30 en été).**

## ㉔ CADENHEAD'S
### Whiskies

Poussez la porte de cette institution qui a pignon sur le Royal Mile depuis 1842 ! Cadenhead's abrite une collection authentique de whiskies écossais, logés dans

des fûts de chêne qui assurent à chacun des saveurs uniques et naturelles (14 £ les 20 cl, 24,50 £ les 35 cl, 48 £ les 70 cl). La sélection change fréquemment et vous pouvez goûter avant d'acheter.
**172 Canongate (E4) • ☎ 0131 556 5864 • www.wmcadenhead.com • Lun.-sam. 10h30-17h30.**

## ㉕ FOCUS / SKATEBOARD STORE
### Mode homme

Édimbourg a sa tribu de skateurs. Ce magasin de West Port propose la mode qui va avec (entre 5 et 150 £). Même si vous ne vous sentez pas le cœur à dévaler Victoria St. sur l'une de leurs planches colorées, vous pouvez toujours faire le plein de vêtements amples et confortables, de tee-shirts aux imprimés cool (20-35 £) et de casquettes bariolées, sans oublier l'indispensable paire de Vans ou Nike SB. Un *skate shop* ultra-sérieux où chaque vendeur est une star de la glisse urbaine.
**270 Canongate (I7) • ☎ 0131 629 9196 • www.focuspocus.co.uk • Lun.-ven. 11h-18h, sam. 10h-18h, dim. 12h-17h.**

## ㉖ KILBERRY BAGPIPES
### Cornemuses

L'instrument traditionnel des Highlands vous intrigue ? Dans l'atelier de Douglas Murray, les néophytes trouveront des cornemuses pour débutants (*practice bagpipe*, 106 £) et des manuels d'apprentissage avec CD (17 £). Ceux qui *pìobaireachd* déjà pourront s'y procurer tous les accessoires et pièces de rechange nécessaires à la pratique de leur art.
**27 St Mary's St. (I7) • ☎ 0131 556 9607 • www.kilberry.com • Lun.-ven. 9h-16h30, sam. 10h-13h.**

# Holyrood (Quartier 5 - p. 42)

## ㉗ PARLIAMENT SHOP
### Souvenirs

Une fois passé le contrôle de sécurité, faites quelques pas et tournez à droite. La boutique du Parlement d'Écosse propose des idées cadeaux pas très chères : mugs, carnets de notes imprimés (1,40 £) ou habillés de vrais tartans (9,95 £), écharpes et cravates en tweed de Harris, livres pour enfants en *scots* et en gaélique... Il y a même des boîtes de cookies au logo du Parlement !

**The Scottish Parliament, Horse Wynd (F3) • ☎ 0131 348 6350 • www.parliament.scot • Lun.-sam. 10h-17h (18h mar. et jeu.).**

## Autour de Grassmarket (Quartier 6 - p. 48)

### ㉘ GODIVA
**Mode femme**

Alternative à la mode fast-food, Godiva est le remède parfait contre les garde-robes monotones et stéréotypées. Les créations de jeunes stylistes indépendants, étudiants au College of Art, les petits labels londoniens et les articles vintage recyclés et réinventés composent une collection originale de pièces uniques, parfois kitsch, parfois chic, souvent excentriques et toujours funky. Comptez autour de 50-100 £ pour une robe.

**9 West Port (G7-8) • ☎ 0131 221 9212 • www.godivaboutique.co.uk • Lun.-sam. 10h-19h, dim. 10h30-18h30.**

Parliament Shop

### ㉙ SWISH
**Mode femme**

Cette boutique de mode séduit les teenagers avec une farandole de petites robes très *girly* (env. 45 £), de tricots rigolos, de tee-shirts aux imprimés branchés et tout un assortiment de sacs et d'accessoires. À l'étage, collection streetwear pour les garçons.

**22-24 Victoria St. (H7) • ☎ 0131 220 0615 • www.swishlife.co.uk • Lun.-sam. 10h-18h, dim. 11h-17h.**

### ㉚ WALKER SLATER
**Mode homme**

C'est l'adresse incontournable pour les tweeds ! Inscrits dans leur époque, les grands classiques revisités par ce tailleur font honneur à l'élégance britannique. Tout est dessiné par la maison, les matières sont de qualité, et les finitions soignées. Pour

la garde-robe du parfait dandy : des costumes trois-pièces (env. 420 £), des pulls écossais, de superbes sacs de voyage et des accessoires très smart.
**20 Victoria St. (H7) • ☎ 0131 220 2636 • www.walkerslater.com • Lun.-ven. 10h-18h (19h jeu.), sam. 10h-17h, dim. 11h-17h.**

## ㉛ BILL BABER
### Tricots écossais

Depuis trente-cinq ans, ce couple d'artisans travaille le coton, la soie et le lin pour façonner des tricots écossais. Chaque pièce est unique et les motifs sont renouvelés chaque année. Les femmes y sont à l'honneur, et que vous soyez mince ou ronde, ces vestes à broches sont conçues pour habiller toutes les silhouettes. Les prix sont moins élevés ici, car les vêtements proviennent directement de l'atelier logé dans la boutique (robes 99 £ et capes 109 £).
**66 Grassmarket (H7) • ☎ 0131 225 3249 • www.billbaber.com • Lun.-sam. 9h-17h30.**

## ㉜ ARMCHAIR BOOKS
### Bouquiniste

Même si vous ne maîtrisez pas la langue de Robert Burns, cela vaut la peine de pousser la porte de ce bouquiniste : on les a tous testés et c'est, de loin, le meilleur d'Édimbourg. Non seulement il a une copieuse section sur l'Écosse, mais ses prix sont honnêtes : on y a déniché un tome épuisé de la série *The Buildings of Scotland* à 20 £ au lieu de 35.
**72-74 West Port (G8) • ☎ 0131 229 5927 • www.armchairbooks.co.uk • T. l. j. 10h-18h30.**

Armchair Books

## ㉝ HANNAH ZAKARI
### Bijoux

La délicieuse boutique de Rachael Lamb semble tout droit tirée de l'East End londonien. Tout un tas d'accessoires et de bijoux très sympas de designers indépendants vous y attend. Colliers rock'n'roll ou *girly*, sacs en toile imprimés (10-18 £), badges *manga style*, illustrations d'artistes et objets déco vraiment craquants... Impossible de repartir les mains vides !

**43 Candlemaker Row (H7) • ☎ 0131 516 3264 • www.hannahzakari.co.uk • Mar.-ven. 12h-17h30, sam. 11h-17h30, dim. 12h30-16h30.**

## ㉞ DEMIJOHN
### Whiskies

De grosses fioles en verre qui renferment whiskies rares, vins subtils, liqueurs délicieuses, vinaigres exquis, huiles d'olive complexes... On peut tout goûter avant d'acheter et découvrir des saveurs uniques et inattendues. Pour des apéritifs originaux : whisky ou vodka à la framboise, liqueur de chocolat ou lime vodka (3,60-6,60 £ les 100 ml).

**32 Victoria St. (H7) • ☎ 0131 225 4090 • www.demijohn.co.uk • Lun.-sam. 10h-18h, dim. 11h30-17h.**

## ㉟ JOYCE FORSYTH
### Tricots écossais

Unique, étrange, excentrique, fantaisiste... autant d'adjectifs pour définir la collection de tricots faits main par cette créatrice écossaise n'utilisant que des fibres naturelles. Pulls, cardigans, vestes, robes et chapeaux (45 £) sont confectionnés dans la boutique. Les plus originales aimeront les extravagants manteaux à pattes d'éléphant pour se donner des airs de sorcière baba cool...

**42 Candlemaker Row (H7) • ☎ 0131 220 4112 • www.joyceforsyth.co.uk • Mar.-sam. 10h-17h30 (lun.-sam. pendant le Festival en août).**

## ㊱ THE RED DOOR GALLERY
### Boutique-galerie d'art

Derrière les portes rouges de cette boutique-galerie surfe la nouvelle vague de créateurs et d'artistes édimbourgeois et britanniques. Outre les peintures, impressions digitales et illustrations d'étudiants de l'Edinburgh College of Art, il y a pléthore de trouvailles originales à faire parmi les sacs, carnets, coussins, peluches-monstres, bijoux, cartes postales (3 £) et articles de vaisselle totalement arty... Un vrai bouillon de créativité !

**42 Victoria St. (H7) • ☎ 0131 477 3255 • www.edinburghart.com • Lun.-ven. 10h30-18h, sam. 10h-18h, dim. 10h30-17h30.**

## ㊲ HAWICO
### Cachemire

Luxe, douceur et qualité au paradis du cachemire. Ce spécialiste écossais œuvre depuis 1874 et propose le plus grand choix de

# Le top des « *GIFT SHOPS* »

**Vous cherchez un petit souvenir made in Scotland ? Pensez aux CD de chants gaéliques, aux thés aux arômes de whisky, aux fudges et autres friandises... C'est moins ruineux qu'un authentique kilt, et plus facile à glisser dans sa valise qu'un plaid en tweed des Hébrides. Voici le meilleur des « *gift shops* ».**

## CRANACHAN & CROWDIE

Algues du Fife ou thé à la fleur de bruyère : rien n'y manque ! Voir p. 148.

## PINNIES

On s'y presse pour faire le plein de *shortbreads* maison. Voir p. 147.

## ROYAL MILE WHISKIES

La référence absolue en matière de whiskies écossais. Voir p. 146.

## PARLIAMENT SHOP

Pour leurs jolis carnets Waverley habillés de tartan. Voir p. 150.

## ARRAN AROMATICS

Toute la gamme des savons et des parfums de l'île d'Arran. Voir p. 162.

## COCO CHOCOLATIER

Le plein de douceurs made in Edinburgh. Voir p. 171.

## I.J. MELLIS CHEESEMONGER

Pour ses fromages des îles. Voir p. 156.

## CODA

Ils ont tous les CD de Julie Fowlis. Écoutez-la dans *Hùg air a' bhonaid mhòir* ! Voir p. 143.

Coco Chocolatier

modèles de ville pour hommes et femmes, au niveau tant des couleurs que des motifs. Les pulls les plus classiques côtoient des créations plus actuelles aux tons acidulés. Plus abordables, écharpes, gants et bonnets (à partir de 35 £) se déclinent dans des couleurs très gaies.
**71-73 Grassmarket (H7) • ☎ 0131 225 8634 • www.hawico.com • Lun.-sam. 10h-18h.**

## 38 FABHATRIX
**Chapeaux**

Vous ne saurez plus où donner de la tête au milieu de cette colonie de chapeaux multicolores signés Fawns Reid. Les grands classiques aux formes rétro se métamorphosent sous ses mains habiles, se parant de plumes et de bijoux (de 25 à 250 £). On raffole des modèles cloches pour se donner une bobine d'intello bohème. Et pour ces messieurs, au choix, des couvre-chefs en feutre ou en tweed pour une allure Sherlock Holmes ou Pete Doherty.
**13 Cowgatehead (H7) • ☎ 0131 225 9222 • www.fabhatrix.com • Lun.-sam. 10h30-18h (17h30 sam.), dim. 12h-17h.**

## 39 CAMBRIDGE SATCHEL COMPANY
**Sacs**

Julie Dean s'est souvenue qu'enfant elle adorait son cartable d'écolière. Elle a eu l'idée, en 2008, de le rééditer en le rapetissant et en lui donnant de la couleur. Résultat : des sacs en cuir, déclinés en rose

Cambridge Satchel Company

pâle ou jaune coing, aux bords parfois découpés à la façon d'un nuage *(« the cloud bag »)*. Ne les manquez pas : même s'ils sont chers (100 £), ils sont ravissants et il n'y a, pour le moment, que 5 boutiques en Grande-Bretagne.
**96 West Bow (H7) • ☎ 0131 226 7140 • www.cambridgesatchel.com • Lun.-sam. 10h-18h, dim. 11h30-17h30.**

## 40 ARMSTRONGS
**Vintage**

Empire du vintage et du rétro depuis 1840, Armstrongs regorge de fripes délirantes. Toutes les modes depuis l'époque victorienne défilent sous vos yeux : robes glamour des années 1920, nuisettes années 1930, robes pour *tea party* années 1940 (38-80 £), robes de bal *fifties*, robes pop du Swinging London, blouses hippies et vestes en cuir à peine fatiguées. Deux autres adresses au 14 Teviot Pl. (D5 ; ☎ 0131 226 4634)

Isle of Skye Candle Company

et au 64-66 Clerk St. (E5 ; ☎ 0131 667 3056). Mais c'est à Grassmarket que le choix est le plus grand, avec un stock très varié et sans cesse renouvelé.

**83 Grassmarket (H7) • ☎ 0131 220 5557 • www.armstrongsvintage.co.uk • Lun.-jeu. 10h-17h30, ven.-sam. 10h-18h, dim. 12h-18h.**

## 41 I. J. MELLIS CHEESEMONGER
### Fromages

Les meilleurs fromages britanniques provenant de petites fermes traditionnelles s'empilent aux côtés de grandes références européennes. Goûtez au savoir-faire écossais avec le Brucklay du nord de l'Écosse, le Isle of Mull, le seul cheddar écossais, ou le fromage de l'île d'Orkney (2,40 £ les 100 g). Petite épicerie avec confitures, miels, biscuits, thés et cafés. Deuxième adresse au 6 Bakers Pl. (C2 ; ☎ 0131 225 6566 ; lun.-mer. 8h30-18h30, jeu.-ven. 8h30-19h, sam. 9h-18h, dim. 10h-17h).

**30a Victoria St. (H7) • ☎ 0131 661 9955 • www.mellischeese.co.uk • Lun.-mer. 9h30-18h30, jeu.-sam. 9h30-19h, dim. 11h-17h.**

## 42 ISLE OF SKYE CANDLE COMPANY
### Souvenirs

Une adorable boutique de bougies à 20 £ où l'on pourra faire d'une pierre deux coups : respirer à plein nez les senteurs de l'Écosse et étoffer son vocabulaire (*heather*, c'est la bruyère ; *gorse*, l'ajonc ; *blubell*, la campanule et *bog myrtle*, le myrte des tourbières). Toutes les bougies sont 100 % naturelles, en cire de soja et confectionnées à la main dans l'île de Skye par le jeune et talentueux James Robertson. Combustion : jusqu'à 45h.

**93 West Bow (H7) • ☎ 0131 629 2800 • www.skyecandles.co.uk • Lun.-sam. 10h-18h, dim. 11h-17h.**

## 43 PURPLE GLAMOUR
### Bijoux fantaisie

Ce boudoir aux tons noirs et violets est spécialisé dans les bijoux fantaisie. Des pièces originales glanées au Japon, en Corée et en Europe sont proposées en un ou deux exemplaires seulement et à des prix bien plus abordables que

les bijoux de créateurs (colliers env. 25 £). Glamour, funky ou rock, cuir, métal ou plastique, il y en a pour tous les styles.
**15 Grassmarket (F6) • ☎ 0131 220 0900 • www.purpleglamouredinburgh.co.uk • Lun.-sam. 10h-18h, dim. 11h-17h.**

## 44 CABARET ANTIQUES & CURIOS
### Antiquaire

Les vitrines de Cabaret regorgent d'objets délicats et de bijoux, des parures victoriennes aux broches en argent Art déco (de 80 à 500 £). Parmi les poteries traditionnelles et l'argenterie, les presse-papiers en verre écossais sont très populaires (de 20 à 500 £). Les collectionneurs y trouveront aussi de belles éditions de livres anciens, de vieilles poupées et autres peluches oubliées...
**137 West Port (G8) • ☎ 0131 229 4100 • Mar.-sam. 10h30-17h30.**

## 45 AHA HA HA / HIJINKS
### Farces et attrapes

Le royaume de la blague avec des farces et attrapes en cascade pour jouer des mauvais tours à ses proches, et tous les ingrédients pour concocter une fête haute en couleur : colonie de masques (la reine d'Angleterre à 22,50 £), perruques fluo, ailes d'ange, oreilles de lapin, postiches en tout genre et maquillage professionnel. Deuxième adresse au 88 Grassmarket (F6 ; ☎ 0131 225 3388 ; lun.-sam. 10h-18h).
**99 West Bow (H7) • ☎ 0131 220 5252 • Lun.-sam. 10h-18h, dim. 11h-17h.**

## 46 THE WHISKY SHOP
### Whiskies

Ce « pro » du whisky depuis 1992 – déjà 22 comptoirs en Grande-Bretagne – aligne des labels connus comme Craigellachie ou Glendronach, promu « distillateur de l'année » en 2015, mais aussi une gamme dont il a la vente exclusive : les Glenkeir Treasures, qui continuent de vieillir en fût sur les étagères de la boutique ! Le vendeur emplit donc les bouteilles à la demande (16 £ les 20 cl, 35 £ les 50 cl).
**28 Victoria St. (H7) • ☎ 0131 225 4666 • www.whiskyshop.com • Lun.-sam. 10h-18h, dim. 12h30-18h.**

# Quartier de l'Université (Quartier 7 - p. XX)

## 47 DEADHEAD COMICS
### Librairie

Paradis underground pour les fondus de comics, cette librairie est une étape obligée pour acheter les classiques américains, mais aussi pour découvrir les indépendants et les locaux. Du sol au plafond, il y a du neuf et de l'occasion (à partir de 2,30 £) et on ne résiste pas à l'envie de

glisser dans sa valise un vieux *Spiderman* pour seulement 2 £.
30 West Nicolson St. (I8) • ☎ 0798 285 9922 • www.deadheadcomics.co.uk • Dim.-lun. 12h-18h, mar.-sam. 10h-18h (19h mer.-jeu.).

### ⑱ ONE WORLD SHOP
**Artisanat équitable**

C'est l'une des plus importantes boutiques de commerce équitable en Écosse. Vous y ferez de jolies trouvailles en provenance d'Asie, d'Afrique et d'Amérique du Sud : petits tapis colorés du Rajasthan (6,50 £), gobelets indiens peints à la main, paniers, vaisselle noire de Colombie, bols en bois africains, bijoux, sacs, vêtements et jouets. Tout est artisanal, évidemment !
25 Nicolson Square (I8) • ☎ 0131 667 8323 • www.oneworldshop.co.uk • Lun.-sam. 10h-17h30, dim. 11h-17h30.

## Le long de Princes Street (Quartier 8 - p. 56)

**VOIR :**

**Jenners | p. 59 | H6 ㊾**

## New Town (Quartier 9 - p. 60)

### ㊿ EDE AND RAVENSCROFT
**Mode homme**

Fournisseur de la famille royale, cette maison de haute tradition taille des costumes pour la gent masculine depuis 1689. Ses créations, classiques et intemporelles, sont toujours du plus grand raffinement, que ce soit pour les occasions formelles ou pour les week-ends chic à la campagne. Ainsi, la veste en tweed associée à des pantalons de velours côtelé se pare d'accessoires de luxe comme une écharpe en cachemire (125 £).
46 Frederick St. (G6) • ☎ 0131 225 6354 • www.edeandravenscroft.co.uk • Lun.-ven. 9h-17h30, sam. 9h30-17h30.

### ○51 ANTA
**Décoration**

Anta diffuse un charme tout écossais à travers son linge de maison, ses plaids, ses châles en soie, ses coussins en lin, sa vaisselle bleutée habillée de tartan ou de chardons (mugs à partir de 22 £)... Tout est dessiné par les propriétaires Annie et Lachlan Stewart, qui ajoutent une délicieuse touche contemporaine et des couleurs subtiles aux grands classiques écossais. Pour faire des rideaux ou recouvrir vos meubles et sols, superbe collection de tweeds en tartan à acheter au mètre.
119 George St. (C3) • ☎ 0131 225 9096 • www.anta.co.uk • Lun.-sam. 10h-18h, dim. 11h-17h.

# Nos adresses POUR GAGNER DU TEMPS

**Vous avez peu de temps pour faire vos achats ? Optez pour les galeries marchandes et autres *department stores*. Chic ou populaires, traditionnels ou branchés, ce sont de véritables temples du shopping.**

### JENNERS

Une institution, souvent surnommée **« le Harrod's du Nord »**. Voir p. 59.

### JOHN LEWIS

Sur Leith St., cinq étages d'**articles de déco, jardin, sports et loisirs.** À visiter en attendant l'ouverture (en 2020) de l'immense Edinburgh St James ! (www.johnlewis.com)

### DEBENHAMS

Une **enseigne plus abordable,** qui sait tirer parti du talent de ses stylistes et designers (109 Princes St., G6 ; www.debenhams.com).

### MARKS & SPENCER

**Incontournable** ! Vous en trouverez un au 54 Princes St. (H6 ; www.marksandspencer.com ; lun.-ven. 8h-19h, sam. 8h30-19h, dim. 11h-18h).

### OCEAN TERMINAL

Un complexe aéré et lumineux pour faire son **shopping près de la mer.** Voir p. 85.

### HARVEY NICHOLS

La **crème des stylistes internationaux** et un restaurant panoramique. Voir p. 64.

## (52) 21ST CENTURY KILTS
**Mode homme**

Revu et corrigé par Howie R. Nicholsby, le kilt a fait son entrée dans le XXIe s. et n'est plus réservé ni aux Écossais ni aux grandes occasions. En prêt-à-porter ou sur mesure (autour de 500 £ mais soldes fréquents), il se décline en versions denim, camouflage, cuir, soie ou PVC. On a même vu une version Superman… mais nos préférés sont ceux en tweed, très dandy branché. Robbie Williams et Lenny Kravitz sont fans !

**48 Thistle St. (G6) • ☎ 0131 220 9450 • www.21stcenturykilts.com • Mar.-sam. 10h-18h (il vaut mieux appeler pour prendre r.-v.).**

## 53 WHITE STUFF
### Mode

Fondée par George et Sean en 1985, cette chaîne est très connue au Royaume-Uni pour ses vêtements colorés à prix accessibles (19,95 £ le top en jersey, 37 £ la chemise en flanelle), mais chaque magasin est unique et celui d'Édimbourg est une vraie réussite : les cabines d'essayage, côté femme, semblent tout droit sorties du *Monde de Narnia* !

**89 George St. (G6) • ☎ 0131 300 0330 • www.whitestuff.com • Lun.-sam. 9h30-18h (19h jeu.), dim. 11h-17h.**

White Stuff

## 54 KAKAO BY K
### Mode femme

Si vous arrivez à saturation des tartans et des tweeds, poussez la porte de la boutique de Karina. Dans cette vitrine des créateurs scandinaves (By Malene Birger, Noa Noa...), c'est le règne du chic simplissime ! Accessoires et bijoux complètent cette jolie moisson nordique (robes 49-155 £).

**45 Thistle St. (G6) • ☎ 0131 226 3584 • www.kakao.co.uk • Lun.-sam. 10h-18h (19h jeu.).**

## 55 COVET
### Maroquinerie et bijoux

Un superbe mix de sacs, pochettes et porte-monnaie de créateurs européens avec des exclusivités à ne pas manquer : trousses en cuir mou signées Beck Söndergaard, sacs à main flashy des Irlandais Lou Lou Belle (introuvables ailleurs), pochettes en peau de serpent du Britannique Angel Jackson, sacs de voyage en cuir Jas MB. Côté bijoux, on trouve les créations originales des Londoniennes Tatty Devine (boucles d'oreilles 25-40 £).

**20 Thistle St. (G6) • ☎ 0131 220 0026 • www.thoushaltcovet.com • Lun.-sam. 10h-18h (19h jeu.), dim. 12h-17h.**

## 56 JAMES SCOTT
### Antiquaire

Un bric-à-brac de porcelaine, de couverts en argent, de bijoux, de fourrures, de lunettes et de

loupes, de clubs de golf et de vieilles boules de bowling du XIX$^e$ s., qui déborde par beau temps sur le trottoir (de 3 à 500 £).
**43 Dundas St. (C2) • ☎ 0131 556 8260 • Lun.-sam. 11h-12h45 et 14h-16h30.**

## 57 THE CARSON CLARK GALLERY
### Antiquaire

De superbes gravures d'Édimbourg sont à glaner parmi de très belles séries d'Old Town du XIX$^e$ s. et des panoramas en ballon au XIX$^e$ s. (env. 75 £). Au lieu de vous ruiner avec un plan original de la ville qui peut atteindre 600 £, contentez-vous d'une copie à 15 £.
**34 Northumberland St. (C3) • ☎ 0131 556 4710 • www.carsonclarkgallery.co.uk • Lun.-sam. 11h-18h.**

## 58 UNICORN ANTIQUES
### Brocanteur

Un paradis pour les accros de fouille ! Cette ancienne laiterie est un véritable capharnaüm d'objets insolites et de babioles en tout genre à prix raisonnables. Valises *sixties*, boîtes aux lettres, porcelaines *British*, chinoiseries, miroirs, images anciennes, flacons à remède, animaux en céramique, poignées de tireuses à bière, bijoux, jouets et couverts victoriens dégringolent de partout !
**65 Dundas St. (C2) • ☎ 0131 556 7176 • www.unicornantiques.co.uk • Lun.-sam. 10h30-18h30.**

Unicorn Antiques

## 59 THE TREASURE TROVE
### *Charity shop*

Les *charity shops* sont légion à Édimbourg, mais The Treasure Trove est une institution dont l'existence remonte à 1882 ! Ici, pas d'articles d'occasion mais des pièces uniques et de qualité réalisées à la main par des personnes en difficulté (la totalité de la somme leur est reversée). Sacs, jouets, tricots de toutes les couleurs, robes à smocks pour fillettes, objets déco, couvertures en patchwork et poupées en tissu se dénichent à très bon prix.
**23a Castle St. (G6) • ☎ 0131 220 1187 • www.selfaidsociety.co.uk • Lun.-jeu. 9h30-17h, ven.-sam. 9h30-16h30.**

## 60 ARRAN AROMATICS
**Cosmétiques**

Gels douche, laits pour le corps, eaux de toilette ou parfums d'intérieur : tous les articles de cette petite entreprise fondée en 1989 par Janett Russel sont fabriqués au large de Glasgow, dans un cottage de l'île d'Arran. On vous recommande les savons à base d'algues et de farine d'avoine (à partir de 2,75 £) et, bien sûr, le parfum phare de la maison : *After the Rain*, aux huiles essentielles de genévrier. Rafraîchissant !

**63 George St. (G6) • ☎ 0131 297 3408 • www.arranaromatics.com • T. l. j. 10h-18h.**

## 61 HOMER
**Décoration**

Un croisement entre The Conran Shop et le grenier de grand-mère ! C'est ainsi que l'on pourrait décrire ce superbe magasin indépendant. Chaque pièce de cette maison georgienne dévoile un mix d'objets contemporains et vintage : meubles indiens au design actuel (chaise d'écolier 29 £), vaisselle en émail aux tons pastel, lampes industrielles, valises en cuir patiné, ustensiles de cuisine en bois, mouchoirs imprimés, édredons moelleux et coussins en tweed. Une source d'inspiration !

**8 Howe St. (C3) • ☎ 0131 225 3168 • www.athomer.co.uk • Lun.-sam. 10h-17h30, dim. 12h-17h.**

## 62 THE BROTIQUE
**Mode homme**

Une boutique dans l'air du temps, bien connue des *hipsters* d'Édimbourg, qui a le mérite de réunir – outre la panoplie nécessaire à l'entretien de la barbe et des moustaches – plusieurs labels indépendants (chemises et *jumpers* Brixton, chaussures

The Brotique

Toms...) et quelques idées cadeaux à moins de 25 £. Très sympa.
**39 Queen St. (à l'angle de Frederick St. ; G6) • ☎ 0131 629 1303 • www.thebrotique.co.uk • Lun.-sam. 10h-18h, dim. 11h-17h.**

## 63 HOTEL CHOCOLAT
**Chocolats**

Depuis qu'ils sont les heureux propriétaires d'une plantation de cacao à Sainte-Lucie, les Londoniens Angus et Peter ont le vent en poupe : ils ont ouvert 80 boutiques au Royaume-Uni, et celle d'Édimbourg est très appétissante. Leurs boîtes sont ultra-raffinées (à partir de 10 £) et, au fond du magasin, on sirote un excellent *hot chocolate*.
**7a Frederick St. (G6) • ☎ 0131 226 7537 • www.hotelchocolat.com/uk • Lun.-ven. 9h30-18h (19h jeu.), sam. 9h-18h, dim. 11h-18h.**

## 64 ROGERSON
**Chaussures**

Même si le magasin ne paie pas de mine, ça vaut la peine de jeter un œil sur cette enseigne familiale et multimarque, fondée en 1905. On y vend du chic et du casual, de l'antistress et du glamour, et surtout des modèles à prix cassés (à partir de 45 £). Fly London, Rieker ou Crockett & Jones, vous devriez trouver ici de quoi vous chausser.
**126-128 Rose St. (G6) • ☎ 0131 220 1775 • www.rogersonshoes.com • Lun.-sam. 9h30-18h (19h jeu.), dim. 12h-15h.**

## 65 TISO
**Vêtements *outdoor***

Vous avez oublié d'emporter votre K-way ? Pas de panique : sur George IV Bridge, vous en trouverez en dépannage, siglés Scotland, à 20 £. Mais si vous cherchez un coupe-vent vraiment imperméable ou une bonne paire de bottes pour randonner dans les Highlands, visez plutôt Chris Tiso : il est LE spécialiste de l'*outdoor* depuis 1962 avec un large choix de marques scandinaves (Bergans, Didriksons) et écossaises (Vango)...
**123-125 Rose St. (G6) • ☎ 0131 225 9486 • www.tiso.com • Lun.-sam. 9h30-17h30 (19h30 jeu.).**

### VOIR AUSSI :

**Harvey Nichols | p. 64 | H6 66**

# Calton Hill et Broughton (Quartier 10 - p. 68)

## 67 VALVONA & CROLLA
**Épicerie italienne**

Fondée en 1934, cette affaire de famille, qui fournissait à ses débuts les immigrants italiens, est aujourd'hui considérée comme la meilleure épicerie d'Édimbourg. Du sol au plafond, des fromages italiens (entre

5 et 10 £), de l'huile d'olive, de la charcuterie (entre 3 et 10 £), des pâtes et un grand choix de vins côtoient des produits plus *British* de type confitures ou whiskies (entre 15 et 60 £). Café au fond de la boutique.
**19 Elm Row, Leith Walk (E2) • ☎ 0131 556 6066 • www.valvonacrolla.com • Lun.-jeu. 8h30-18h, ven.-sam. 8h-18h30, dim. 10h-17h.**

## 68 THE CAT'S MIAOU
### Décoration

Du sol au plafond, ce bric-à-brac d'objets déco et d'accessoires originaux reflète les goûts de Kate Mackenzie, la propriétaire. Lapins en bronze, poupées japonaises, animaux en céramique, bijoux en Plexi, vêtements en tissus bio pour enfants et sacs colorés sont issus du commerce équitable ou dénichés chez les jeunes créateurs locaux.
**36 Elm Row (E2) • ☎ 0131 557 1277 • www.thecatsmiaou.co.uk • Lun.-sam. 10h30-19h, dim. 11h30-17h30.**

## 69 MOLETA MUNRO
### Décoration

Le bon goût s'invite dans cette toute petite boutique, où meubles et luminaires de designers scandinaves voisinent avec les adorables coussins et couvertures de l'Écossaise Donna Wilson. Pour

Moleta Munro

une déco dans l'air du temps, des théières aux couleurs flashy, de la vaisselle design (bol froissé en porcelaine 35-65 £), des stickers muraux contemporains, des vases et des bougeoirs aux formes inattendues.

**43-46 London St. (D2) • ☎ 0131 557 4800 • www.moletamunro.com • Lun.-sam. 10h30-18h.**

## 70 JOEY D
### Mode homme

On s'arrache jusqu'à New York les vestes délirantes et les kilts branchés de ce créateur édimbourgeois qui mélange de la façon la plus improbable vieux jeans, tweeds, cuirs, tissus militaires et vieux costumes en tartan pour habiller les dandys rebelles et les divas punk (95 £)... L'art du recyclage dans toute sa splendeur et des pièces résolument insolites ! Sacs à partir de 50 £, vêtements de 75 à 220 £.

**54 Broughton St. (D2) • ☎ 0131 557 6672 • www.joey-d.co.uk • T. l. j. 10h-18h.**

## 71 CURIOUSER CURIOUSER
### Bibelots

Venez jouer les curieux dans cette boutique remplie de bibelots originaux et design. Illustrations, gravures (10-80 £), vaisselle branchée, bijoux insensés (dentelles nylon en 3D d'Up to Much), trophées de chasse et animaux en tissu vintage sont issus du commerce équitable ou chinés dans les ateliers d'artistes locaux.

**93 Broughton St. (D2) • ☎ 0131 556 1866 • Lun.-sam. 10h-18h, dim. 12h-17h.**

## 72 CONCRETE WARDROBE
### Accessoires

Vitrine du design et de la création édimbourgeoise, Concrete Wardrobe est une mine d'accessoires originaux. Parmi les sacs, porte-monnaie et besaces en tout genre, on aime les foulards en soie imprimés d'Helen Ruth et les bijoux en touches de vieilles machines à écrire de Reworked Workshop. Ne manquez pas les céramiques fraîches et contemporaines de Lara Scobie (à partir de 25 £).

**50a Broughton St. (D2) • ☎ 0131 558 7130 • www.concretewardrobe.com • Lun.-sam. 11h-19h (18h sam.), dim. 12h-17h.**

## 73 CROMBIE'S
### Saucisses

Le spécialiste de la saucisse depuis 1956 ! Traditionnelles, historiques ou inspirées, plus de quarante variétés succulentes sont proposées : au goût fumé, à la bière d'Édimbourg, au bœuf et à la Guinness, à la pomme et à la mangue ou au whisky et au thym. À partir de 6,95 £ le kilo.

**97-101 Broughton St. (D2) • ☎ 0131 557 0111 • www.sausages.co.uk • Lun.-ven. 7h30-17h30, sam. 7h30-17h.**

## 74 THE DRAGONFLY
**Mode enfant**

Les kids branchés s'habillent avec les salopettes Sass & Belle ou Toby Tiger, les vêtements aux imprimés vintage Powell Craft ou les tee-shirts Blondie ou Pink Floyd. On fond aussi pour les poupées de chiffon, les minidoudous (5,99 £), les coffrets de chaussettes, la vaisselle Belle & Boo et les livres d'éveil en tissu. Tout est adorable, et les mamans pourront aussi se faire plaisir avec une colonie d'accessoires, des robes ultra-féminines et des services à thé aux couleurs de cupcakes.

**111a Broughton St. (D2) • ☎ 0131 629 4246 • www.thedragonflygifts.co.uk • Lun.-sam. 10h-18h (19h jeu.), dim. 12h-17h.**

# Dean Village et le West End (Quartier 11 - p. 74)

## 75 FRONTIERS WOMAN
**Mode femme**

Mère et fille, Jane et Kim sont aux commandes de cette boutique du West End. Robes de cocktail, superbes imprimés, tricots tout droit sortis d'une *fashion week*, cachemire, sacs et bijoux sont autant de pièces originales et stylées. Petit avant-goût avec les tee-shirts marins des Londoniennes Chinti and Parker ou les tricots graphiques et bariolés d'Electric Sheep.

**16 Stafford St. (B4) • ☎ 0131 476 3449 • www.frontiersboutique.com • Lun.-sam. 10h-18h (18h30 jeu.).**

## 76 PAPER TIGER
**Papeterie**

Non, la carte postale n'est pas un objet ringard et obsolète ! Paper Tiger regorge de petits trésors design ou d'inspiration rétro (de 1,50 £ à plus de 100 £ pour des objets à tirage limité) et d'accessoires pour créer sa propre carte postale : paillettes, stickers... On y trouve aussi papiers cadeaux aux imprimés délicieux (1-3 £ la feuille), petits carnets trop mignons, gadgets rigolos et appareils photo Lomo. La papeterie n'a jamais été aussi ludique !

Frontiers Woman

6a/8 Stafford St. (B4) • ☎ 0131 226 2390 • www.papertiger.co.uk • Lun.-sam. 9h30-18h (19h jeu.), dim. 11h-17h.

## (77) STUDIO ONE
**Accessoires pour la maison**

Ce *lifestyle store* est une mine d'idées pour la maison : ustensiles de cuisine malins, moules à cupcakes, vaisselle design, produits naturels pour le bain (Luxury Bath Melt, 4,95 £), kits créatifs (feutrine, cupcakes, origami...), gadgets pour kids à petits prix et livres à laisser traîner partout dans la maison. De superbes céramiques et bijoux vous attendent dans le showroom, vitrine de l'artisanat britannique contemporain.

10 Stafford St. (B4) • ☎ 0131 226 5812 • www.studio-one.co.uk • Lun.-sam. 9h30-18h (19h jeu.), dim. 11h-17h.

## (78) REMUS
**Décoration**

Depuis 1967, la maison décore les intérieurs écossais dans un style intemporel, en mêlant les genres traditionnels et contemporains. La boutique est parsemée de meubles cossus, de porcelaines fleuries, de lampes rétro et de jolis objets tout droit sortis d'un cabinet de curiosités, comme ces papillons sous cloche. L'adresse est réputée pour son grand choix de tissus d'ameublement.

16b Stafford St. (B4) • ☎ 0131 225 6773 • www.remusinteriors.com • Lun.-sam. 9h30-17h30, dim. 10h-17h.

# Stockbridge (Quartier 12 - p. 78)

## (79) SHEILA FLEET
**Bijoux**

Sheila Fleet, diplômée de l'Edinburgh College of Art, est originaire des îles Orcades. Dans cette boutique (la première qu'elle ait ouverte sur la « terre ferme »), elle expose ses créations : boucles d'oreilles, pendentifs, broches, épingles pour kilt..., sans oublier la collection Pebble, inspirée des galets qu'elle trouve sur la grève. Prix à partir de 48 £.

18 St Stephen St. (C2) • ☎ 0131 225 5939 • www.sheilafleet.com • Lun.-sam. 10h-17h30 (ouv. dim. 11h-17h juin-août).

## (80) GALERIE MIRAGES
**Bijoux**

Il faut longer une petite impasse pour découvrir cette fabuleuse caverne d'Ali Baba à peine visible de la rue. Son trésor ? D'irrésistibles bijoux glanés dans le monde entier, de l'Inde à la Pologne, de la Chine à l'Afrique du Nord, d'Israël aux États-Unis... Colliers à partir de 20 £. Meubles et objets déco proviennent aussi de contrées lointaines.

46a Raeburn Pl. (B2) • ☎ 0131 315 2603 • www.galeriemirages.co.uk • Lun.-sam. 10h-17h30, dim. 12h-16h30.

## 81 MARY'S LIVING AND GIVING SHOP
### *Second hand*

Sous des airs de boutique *girly* se cache un *charity shop* où l'on peut dénicher parmi les vêtements d'occasion un jean Tommy Hilfiger à 10 £, des robes de marques connues à 12 £, ou une paire de chaussures Fly London à 7 £ ! On trouve aussi des pièces intéressantes parmi les bijoux et la vaisselle *British* rétro. L'argent est récolté en faveur des enfants démunis.

34a Raeburn Pl. (B2) • ☎ 0131 315 2856 • www.maryportas.com • Lun.-sam. 9h30-17h30.

## 82 ELAINE'S VINTAGE CLOTHING
### Mode vintage

La boutique d'Elaine cultive un joli stock de capes, manteaux et robes *sixties*, kilts (à partir de 35 £), tweeds Harris, chemisiers en soie et chaussures. C'est le genre d'adresse où l'on peut dénicher une robe victorienne, de la lingerie des années 1930 ou un maillot en laine des années 1920. Que des belles choses aussi parmi les accessoires, chapeaux et sacs d'un autre temps.

Mary's Living and Giving Shop

## Les *charity shops*

N'hésitez pas à chiner dans ces friperies qui pullulent dans la ville. De Deanhaugh St. à Stockbridge et de Nicolson St. à Southside, on en compte des dizaines. Elles sont gérées par des associations caritatives qui revendent vêtements et livres d'occasion en faveur des enfants ou de toute autre cause humanitaire. Elles ne sont pas toujours forcément attrayantes, mais on peut néanmoins y réaliser de bonnes affaires en fouillant bien, tout en faisant un geste pour son prochain (entre 1 et 100 £).

**(83) Barnardo's • 29-31 Deanhaugh St. (B2) • ☎ 0131 343 1771 • www.barnardos.org.uk • Lun.-sam. 9h30-17h30, dim. 11h-16h.**

55 St Stephen St. (C2) • ☎ 0131 225 5783 • Mar.-sam. 13h-18h.

### (84) CAOBA
### Décoration

Commerce équitable et artisanat mexicain, voilà l'équation idéale pour pimenter sa déco et faire de petits cadeaux qui changent. On y dégote tout un tas d'objets insolites et colorés : poignées de porte en céramique (3,50 £), cœurs en métal poli ou en boîte de conserve, ex-voto délicieusement naïfs, bougies kitsch à l'effigie de la Vierge, petits carreaux en céramique de Talavera, masques de catcheur et bijoux en ivoire végétal ou en argent.
56 Raeburn Pl. (B2) • ☎ 0131 343 2757 • www.caoba.co.uk • Lun.-sam. 9h30-18h, dim. 11h-17h.

### (85) THOSE WERE THE DAYS
### Mode vintage

Une boutique chic et branchée pour du vintage d'exception ! Réputée pour sa fabuleuse collection de robes de mariée des années 1920 aux années 1980 parfaitement restaurées (à partir de 200 £), on y trouve des robes de cocktail pour jouer les Betty Draper dans la série *Mad Men*, des blouses fleuries, des bijoux en bakélite et des sacs

Caoba

Lilies & Dreams

à main. On peut se faire plaisir avec une robe de jour (55-100 £), ou s'enflammer pour une pièce de créateur, comme Ossie Clark, à plusieurs centaines de livres.
26 St Stephen St. (C2-3) • ☎ 0131 225 4400 • www.thoseweredaysvintage.com • Mar.-sam. 11h-17h30.

## 86 STOCKBRIDGE MARKET
**Marché**

Vous voyez les parasols jaunes au milieu des arbres ? C'est là : ils fleurissent tous les dimanches depuis 2011 et attirent une quarantaine de producteurs de la région : Eden Mill vient de St Andrews avec ses bières et ses gins, Oxenfoord débarque de Dalkeith avec les légumes de son potager et le miel de ses ruches (3,90 £). Et c'est très convivial !
À l'angle de Glanville Pl. et Saunders St. (C2) • www.stockbridgemarket.com • Dim. 10h-17h.

## 87 LILIES & DREAMS
**Sacs**

Pénétrez dans l'univers de Lilies & Dreams pour faire moisson de sacs de créateurs uniques ou en exclusivité. Les valises en cuir de Steamline Luggage pour voyager chic côtoient les sacs en peau de vache dorés d'Owen Barry et les superbes pochettes en cuir souple signées Makki. Foulards, écharpes, pashminas et ombrelles complètent le stock. Prix de 5 à 300 £.

**12 St Stephen St. (C2) • ☎ 0131 629 0750 • www.liliesanddreams.co.uk • Mer.-sam. 11h-18h, dim. 12h-16h.**

## ⑧⑧ OXFAM MUSIC
### Disquaire

C'est le premier *charity shop* de Grande-Bretagne consacré aux disques. Fouillez parmi les vinyles des années 1960 et 1970 et sachez dénicher les perles. On trouve de tout, du rock au jazz en passant par le punk ou la country. Les disques sont facturés 2 ou 3 £ en général, mais des pièces rares peuvent atteindre 150 £. Avec l'argent récolté, l'association se bat contre la pauvreté dans le monde.

**64 Raeburn Pl. (B2) • ☎ 0131 332 7593 • Lun.-sam. 10h-17h30 (19h30 jeu.), dim. 13h-17h.**

## ⑧⑨ COCO CHOCOLATIER
### Chocolats

C'est une jolie petite échoppe à l'ancienne, avec vieux comptoir en bois, où les amoureux de chocolat feront le plein de douceurs bio et artisanales made in Edinburgh. Des recettes secrètes pour des chocolats à se pâmer, infusés aux fleurs, aux fruits, aux épices ou au poivre noir (tablette 4,50 £). Si vous rêvez de tremper un brownie dans un chocolat chaud parfumé à la vanille (2,75 £), vous pourrez y faire votre pause goûter.

**20 Raeburn Pl. (B2) • ☎ 0131 558 2777 • www.cocochocolate.co.uk • Lun.-sam. 10h-18h.**

# Leith (Quartier 13 - p. 82)

## ⑨⓪ GEORGIAN ANTIQUES
### Antiquaire

Ce vieil entrepôt de Leith abrite la plus grande collection de meubles anciens de toute l'Écosse. Répartis sur cinq étages, bibliothèques victoriennes, vieilles vitrines, commodes d'apothicaire, chiffonniers écossais, horloges de grand-mère, cheminées georgiennes et miroirs somptueux. Pistez les chaises traditionnelles de l'île d'Orkney, reconnaissables entre mille avec leurs hauts dossiers de paille. Elles sont très recherchées.

**10 Pattison St. (plan p. 82) • ☎ 0131 553 7286 • www.georgianantiques.net • Lun.-ven. 8h30-17h30, sam. 10h-14h.**

## ⑨① BEETS LEITH
### Caviste

Envie de sortir des sentiers battus ? Vous trouverez ici,

entre deux bouteilles de vin australien aux étiquettes sexy, une belle palette de bières écossaises (Black Isle, Stewart, etc.) et de gins édimbourgeois à la rhubarbe ou au sureau.
**49 Bernard St. (plan p. 82) • ☎ 0131 476 5086 • www.beetsleith.co.uk • Lun.-sam. 12h-20h.**

## 92 LEITH MARKET
### Marché

Tous les samedis, le petit marché qui vient dérider la Dock Pl., aménagée vers 1810 par John Paterson, joue la carte du bio (et du végétarien le 1er samedi du mois) avec des étals très variés aux beaux jours : les savons de la Caurnie Soaperie, fondée en 1922 à Kirkintilloch, y côtoient les marmelades whisky-orange (4 £) de Perthshire Preserves et les saumons délicatement fumés près de Thurso par Caithness Smokehouse.
**Dock Pl. (plan p. 82) • www.stockbridgemarket.com • Sam. 10h-17h.**

Beets Leith

## 93 LIMITLESS SCOTLAND
### Créateurs écossais

Paul Connacher a réuni divers articles chic et glamour qui ont tous été conçus par des designers écossais : Fay & Solas (vêtements), Dunmore (sacs), Damian Clarke (cravates), Nielanell (plaids des Shetland) et des produits de beauté faciles à glisser dans la valise comme les baumes pour les mains (8 £) de l'Edinburgh Natural Skincare Company.

**Ocean Terminal (1er étage ; plan p. 82) • ☎ 0131 555 3335 • www.limitlessscotland.com • Lun.-mer. 10h-18h, jeu.-sam. 10h-19h, dim. 10h-17h.**

## 94 FLUX
### Artisanat écossais

Zoom sur ce que l'artisanat écossais a de plus fun, Flux regorge de pièces originales à des lustres de la création traditionnelle. Sans cesse renouvelé, le stock se veut éthique et comprend beaucoup de pièces recyclées ou issues du commerce équitable : bijoux de créateurs, objets déco, jouets, parapluies, papeterie, services à thé *girly*, produits de beauté naturels…

**55 Bernard St. (plan p. 82) • ☎ 0131 554 4075 • www.get2flux.co.uk • Lun.-sam. 10h-18h, dim. 11h-17h.**

# Tweed, tartan et tricots

**À vous les tartans, les chauds lainages des Shetland, les tweeds rugueux et inusables ou les cachemires moelleux et raffinés ! Symboles de l'identité écossaise, ces tissus légendaires ont su braver les siècles et s'exportent dans le monde entier, métamorphosés par les plus grands créateurs. Premier *tip* pour faire ses achats sans faux pas : fuyez le Royal Mile !**

## TARTANMANIA

Introduit par les Celtes dans les Highlands, le tartan est une étoffe de laine multicolore composée de bandes qui s'entrecroisent à angle droit. Utilisé pour la confection de kilts, jupes, pantalons, écharpes et cravates, il fait l'objet d'un véritable culte chez les Écossais fiers d'afficher leur affiliation à un clan, une famille, une ville ou une corporation. Récupéré par la mode punk et Vivienne Westwood, le tartan s'invite aujourd'hui sur les podiums des *fashion week* et dans la déco comme chez **Anta** (p. 158). Pour en savoir plus, visitez le **Tartan Weaving Mill and Exhibition** (p. 28) et la **galerie de Kinloch Anderson** (p. 86).

## CLANS ET TARTANS

Il faut attendre le XIXe s. pour qu'une codification artificielle lie clans et tartans. Alors que le mouvement romantique puise dans les traditions gaéliques les bases d'une nouvelle identité écossaise, la visite de George IV à Édimbourg en 1822 marque le retour en grâce du costume des Highlands. Son port avait été interdit sous peine de mort après le soulè-

### Les dessous du kilt

Jadis tenue de tous les jours, le kilt ne se porte que pour les occasions formelles (cérémonies, mariages, jeux des Highlands) avec les indispensables accessoires : broche, besace *(sporran)* et poignard *(sgian dubh)*. Plat sur le devant et plissé sur l'arrière, il doit retomber juste au-dessus du genou. Traditionnel chez **Geoffrey (Tailor) Highland Crafts** (p. 146) ou carrément *fashion* chez **21st Century Kilts** (p. 159), un kilt fait main coûte entre 300 et 600 £ et peut nécessiter jusqu'à 7 m de tissu ! En dessous de ce prix, attendez-vous à du made in Pakistan. Et si vous voulez vraiment le savoir, seule une poignée de puristes irréductibles ne porte rien sous son kilt…

vement jacobite de 1745 ! Dès lors, chaque clan veut son tartan. Parmi les 4 000 motifs *(setts)* recensés, les plus populaires sont le *Royal Stewart*, le *Black Watch*, le *Dress Gordon* et le *Lindsay*. Si on n'est pas rattaché à un clan, on peut porter l'un des quatre tartans universels : le *Black Watch*, le *Hunting Stewart*, le *Caledonia* et le *Jacobite*.

## PISTER UN BON TWEED ? ÉLÉMENTAIRE !

Symbole de l'élégance décontractée, le mot évoque instantanément la silhouette de Sherlock Holmes. Solide, imperméable et infroissable, ce tissu adapté à la vie à la campagne est adopté par l'aristocratie britannique au XIXe s. Le meilleur tweed est le Harris Tweed, de la pure laine vierge, teinte et filée dans les Hébrides extérieures, et tissée à la main par les habitants de Harris, Lewis, Uist et Barra. À chevrons ou à carreaux, elle devient tailleurs, costumes trois-pièces, chapeaux, sacs et bagages. Les fans du détective s'offriront un *deerstalker* ou « traqueur de daims », la casquette à deux visières et cache-oreilles rabattables. Pour une veste classique, direction **Walker Slater** (p. 151). Pour plus de fantaisie, filez chez **Ness** (p. 143) ou **Joey D** (p. 165).

## LE CACHEMIRE, *SO CHIC*

Importée par les Anglais grâce à leurs comptoirs en Orient, la laine cachemire est fournie par le sous-poil d'une petite chèvre originaire du Cachemire et de Mongolie. Synonyme de luxe, elle permet de confectionner pulls, cardigans, plaids et écharpes extrêmement doux, chauds et légers. Pringle of Scotland, Ballantyne et Barrie sont les dignes représentants des cachemires écossais, renommés dans le monde entier. Pour vos achats, **Hawico** (p. 153) propose des coupes et des tons actuels.

## TRICOTS DE PÊCHEURS

Depuis des siècles, les femmes des îles de Fair et Shetland tricotent bonnets, chaussettes et pull-overs pour leurs époux partis en mer. Chauds et résistants, les célèbres lainages sont toujours tricotés de manière artisanale. Reconnaissables à leurs motifs complexes (OXO, flocon de neige norvégien...), ces pulls indémodables s'arrachent jusqu'au Japon. **Canongate Jerseys & Crafts** (p. 149) offre le meilleur choix en la matière.

# Carnet

# PRATIQUE

Retrouvez toutes nos adresses localisées sur les cartes et plans grâce à un numéro coloré.

| 56 | 35 | 28 |
|---|---|---|
| Restos | Bars | Boutiques |

Le numéro renvoie à sa notice détaillée dans le chapitre concerné.

## QUAND PARTIR ?

C'est au printemps que la ville est la plus agréable. Mai et juin sont les mois les plus ensoleillés, mais on n'est jamais à l'abri d'une averse. Juillet et août sont les plus humides, avec des pluies subites suivies d'éclaircies et des températures qui dépassent rarement les 18 °C. L'hiver est long et humide, mais les températures ne descendent jamais en dessous de zéro. Toutefois, les vents de la mer du Nord peuvent être glacials et déposer un épais brouillard sur la ville. En raison de la situation septentrionale de l'Écosse, les journées sont très longues l'été et courtes l'hiver. Mais, quel que soit le moment de l'année où vous venez, il y a toujours quelque chose à faire, que ce soit pour les fêtes de Noël ou pour le tournoi des Six Nations. Avec ses nombreux festivals, août est le mois le plus animé et correspond à la haute saison touristique : la population double et les prix grimpent ! **Pour en savoir plus, reportez-vous aux p. 16-17.**

## Se renseigner avant de partir

### Office national de tourisme de l'Écosse - Visit Scotland

Le plus important service de réservation et d'information pour les séjours en Écosse.

**www.visitscotland.com**

### Office de tourisme de Grande-Bretagne

**www.visitbritain.fr**

### Consulat de France

**11 Randolph Crescent (B3)**
**☎ 0131 225 7954**
**www.ambafrance-uk.org**
**Lun.-ven. 9h-13h et sur r.-v.**

### Institut français d'Écosse

**13 Randolph Crescent (B3)**
**☎ 0131 225 5366**
**ww.ifecosse.org.uk**
**Lun. 13h-19h30, mar.-ven. 9h30-19h30, sam. 9h30-13h30.**

### The City of Edinburgh Council

Le site de la ville.

**www.edinburgh.gov.uk**
**http://edinburgh.org**

### The List

Agenda des sorties culturelles.

**www.list.co.uk**

## POUR Y ALLER

Pour un séjour de courte durée, l'avion s'impose comme la solution la plus pratique, la moins chère et la plus rapide.

### EN AVION

Air France (avec Cityjet) propose des vols directs réguliers d'une durée de 2h au départ de Paris-Charles-de-Gaulle. Plusieurs vols quotidiens avec escale à Londres sont assurés par British Airways au départ de Paris-Charles-de-Gaulle et de Paris-Orly. Un aller-retour coûte en général entre 150 et 300 €, selon les périodes. Réservez vos billets le plus tôt possible pour obtenir les meilleurs tarifs ou consultez les sites Internet pour les offres de dernière minute.

**Air France : ☎ 3654 • www.airfrance.fr**
**British Airways : ☎ 0825 825 400 • www.britishairways.com**



Les **compagnies low cost** affichent souvent des tarifs alléchants avec des allers-retours à moins de 100 €. Mais attention, ce prix ne comprend pas les frais éventuels d'enregistrement en ligne ou de paiement par carte, ainsi que le supplément appliqué aux bagages en soute et le transfert vers l'aéroport, quand celui-ci est éloigné. Attendez-vous à payer parfois le double du prix annoncé ! Les compagnies suivantes proposent des vols directs une à plusieurs fois par semaine au départ de Paris ou de certaines villes de province :

**Flybe : au départ de Paris-Charles-de-Gaulle et de Bergerac • www.flybe.com**
**Easyjet : au départ de Paris-Charles-de-Gaulle, Lyon, Nice et Grenoble • www.easyjet.com**
**Ryanair : au départ de Béziers, Poitiers, Bordeaux et Marseille • www.ryanair.com**
**Transavia : au départ de Paris-Orly • www.transavia.com**

### EN TRAIN

De Paris, vous pouvez prendre l'Eurostar à destination de Londres (trajet d'une durée de 2h30), puis une correspondance à King's Cross Station pour Édimbourg (trajet d'environ 4h30), mais sachez que vous ne ferez pas d'économie par rapport à un vol low cost, et que cette option est moins adaptée à un court séjour.

**Eurostar : www.eurostar.com**
**National Rail (réseau ferré britannique) : www.nationalrail.co.uk**

## DORMIR À ÉDIMBOURG

### HÔTEL OU *B & B* ?

À Édimbourg, vous aurez le choix entre les *hostels* et *backpackers houses* (auberges de jeunesse sans limite d'âge proposant dortoirs ou chambres individuelles), les *Bed & Breakfast* et *guesthouses* (maison d'hôtes ou petit hôtel), les hôtels classés de 1 à 5 étoiles par l'organisme de tourisme Visit Scotland et la location d'appartement. Chaînes internationales ou adresses d'exception (boutiques-hôtels branchés, hôtels historiques, palaces luxueux...), l'offre hôtelière est variée. Toutefois, le *B & B* s'impose comme une option plus économique pour un niveau de confort souvent équivalent. Il permet en outre de faire connaissance avec les Édimbourgeois. Du plus *cheap* au plus chic, ils occupent généralement des demeures georgiennes ou victoriennes, et sont situés dans les zones résidentielles. Autre option, vous pouvez louer un appartement au prix d'une chambre d'hôtel sur le site www.housetrip.com Pour être au cœur de l'animation, privilégiez Old Town et New Town. Préférez les adresses légèrement excentrées si vous recherchez le calme et des prix plus compétitifs : Calton Hill, Stockbridge, Pilrig, Leith, Newington et Southside.

### Les forfaits

Les forfaits vous évitent la recherche et la réservation d'un hôtel et peuvent vous faire gagner de l'argent, puisque les voyagistes qui les vendent bénéficient de tarifs négociés. Voici des agences qui proposent des forfaits week-end (vol et hébergement) :

**Comptoir des Pays Celtes :**
**☎ 01 53 10 30 15 • www.comptoir.fr**
**Bourse des Voyages :**
**☎ 0899 650 515 • www.bourse-des-voyages.com**

### RÉSERVATIONS

Réservez votre chambre avant de partir, en particulier si vous visez un petit hôtel de charme ou un *B & B* dont le nombre de chambres est limité. **Il est impératif de réserver longtemps à l'avance pour un séjour en été, le Festival du mois d'août, Noël, Hogmanay (fête du Nouvel An) et les week-ends de matchs de rugby internationaux.** Certains établissements imposent un minimum de deux nuits sur place pour une réservation le week-end ou en haute saison.
Vous pouvez retenir une chambre auprès de la centrale de réservation **Visit Scotland,** qui propose une large gamme d'hôtels à tous les prix avec parfois des offres de dernière minute intéressantes : ☎ 0845 859 1006 ou www.visitscotland.com Pour les *hostels* qui ne sont pas mentionnés dans ce guide, consultez : www.hostels.com ou www.hostelbookers.com

### TARIFS

Comme dans toutes les grandes villes britanniques, les hôtels sont chers et les tarifs ne correspondent pas toujours au niveau de confort et de service attendu. L'option la moins coûteuse est l'*hostel* (environ 10-20 £ en dortoir, 20-30 £ en chambre privée). Sinon, comptez entre 50 et 100 £ la nuit pour un hôtel ou *B & B* de base, entre 100 et 200 £ pour un hôtel ou *B & B* de charme, et autour de 150-200 £ pour un hôtel chic. **Les tarifs les plus bas sont appliqués en hiver (nov.-fév.). La moyenne saison correspond au printemps et à l'automne (mars, avr. excepté Pâques, mai et oct.) et la haute saison à l'été (juin-sept.).** Attention, les tarifs les plus élevés sont appliqués pendant le Festival du mois d'août, Pâques, le tournoi des Six Nations et Hogmanay. Les hôtels sont pris d'assaut et les prix peuvent tripler ! Pour bénéficier du meilleur tarif, consultez le site de l'hôtel, puis les différents sites de comparatif tels : www.trivago.fr, www.hotels.com, www.booking.com **Sans oublier notre sélection d'adresses, p. 188-193.**

## SE DÉPLACER

### DE L'AÉROPORT AU CENTRE-VILLE

L'aéroport se situe à 12 km à l'O de la capitale écossaise (www.edinburgh airport.com). Le bus et le tramway sont les options les moins chères pour rejoindre le centre-ville.

#### En bus

Devant le hall des arrivées, le bus express Airlink 100 quitte l'aéroport toutes les 10 min de 4h30 à 0h30 et vous dépose dans le centre, à la gare de Waverley, en 30 min (Waverley Bridge). De là, vous n'aurez aucun mal à trouver un taxi pour vous conduire à votre hôtel. La nuit, c'est le bus N22 qui assure la navette toutes les 30 min. En vente sur le site Internet, au kiosque Airlink (devant le hall des arrivées) ou directement auprès du chauffeur, le ticket simple coûte 4,50 £, et l'aller-retour 7,50 £.

**☎ 0131 554 4494**

• **www.lothianbuses.co.uk**

#### En tramway

Depuis 2014, un tram relie en 35 min l'aéroport au centre-ville. Il circule toutes les 8-10 min (12-15 min le dim.) de 6h15 à 22h45. Le ticket simple coûte 5,50 £, et l'aller-retour 8,50 £. Attention : le distributeur automatique ne rend pas la monnaie.

**☎ 0131 555 6363**

• **www.edinburghtrams.com**

#### En taxi

*Black cabs* (taxis noirs traditionnels) et *minicabs* (voitures banalisées) attendent devant le hall des arrivées. Comptez autour de 35 £ pour rejoindre le centre-ville en 20-25 min. Le tarif est variable en fonction de l'heure, de la circulation et de la compagnie. Les *minicabs* sont en principe un peu moins chers.

## Pensez-y !

### Formalités

Si vous êtes ressortissant de l'Union européenne, seule la carte nationale d'identité ou un passeport en cours de validité est nécessaire. Dans les autres cas, il faudra vous adresser avant votre départ au consulat, qui pourra vous délivrer un visa de tourisme. Les enfants mineurs doivent posséder leur propre carte d'identité ou passeport. S'ils ne sont pas accompagnés de leurs parents, une autorisation de sortie du territoire est nécessaire (formulaire à télécharger sur www.service-public.fr/particuliers/vosdroits/F1359).

**Ambassade de Grande-Bretagne :**
**35, rue du Faubourg-Saint-Honoré, 75008 Paris • ☎ 01 44 51 31 00 • www.gov.uk**

### Douane

Pour des achats réservés à un usage personnel, les citoyens de l'Union européenne n'ont pas à remplir de déclaration ni à payer de droits et taxes au départ ou au retour en France (la TVA est payée dans le pays où vous faites vos achats). Attention toutefois, que vous soyez citoyen de l'Union européenne ou pas, les quantités de tabac et d'alcool que vous pouvez introduire ou rapporter du Royaume-Uni varient.

**Centre de renseignement des douanes : ☎ 0811 20 44 44 (depuis la France) • ☎ 00 33 1 72 40 78 50 (depuis le Royaume-Uni) • www.douane.gouv.fr**

### Assurance

Prévoyez une assurance rapatriement, utile en cas d'accident grave. Les voyagistes la proposent systématiquement, comprise ou non dans le forfait. De plus, un certain nombre de cartes de crédit incluent cette assurance dans leurs avantages. Renseignez-vous auprès de votre organisme bancaire.

### Santé

Avant de partir, procurez-vous la carte européenne d'assurance maladie auprès de votre caisse d'assurance maladie (infos sur www.ameli.fr). Pour être soigné gratuitement, vous devez vous adresser à un médecin *(general practicioner)* ou à un hôpital public appartenant au National Health Service (NHS). Vos frais ne seront pas pris en charge si vos soins ne sont pas urgents ou si votre maladie est antérieure à votre arrivée dans le pays. Dans tous les cas, vous devrez payer vos médicaments.

**Pour toutes les urgences sur place : ☎ 999.**

## SUR PLACE

À moins que vous n'ayez prévu de faire quelques excursions hors de la capitale, nous vous déconseillons de louer une voiture. La circulation en centre-ville est difficile, et trouver une place pour se garer est un cauchemar. **Le meilleur moyen d'explorer la ville est de la parcourir à pied** car les principaux centres d'intérêt sont concentrés dans une zone peu étendue. Pour visiter les quartiers éloignés, il suffit de prendre le bus ou de héler l'un des nombreux *black cabs* qui sillonnent la ville.

### En tram

La ligne de tram qui relie l'aéroport au centre dessert les trois gares de la ville : Edinburgh Park, Haymarket et St. Andrew Square (près de Waverley Station). N'hésitez pas à l'emprunter si vous voulez vous rendre rapidement du bout ouest de Princes St. au quartier de Broughton à l'est. Le trajet simple *(single ticket)* coûte 1,60 £ (gratuit avec le Dayticket, voir ci-dessous).

### En bus

La ville et ses faubourgs sont très bien desservis par la compagnie Lothian Buses. Le trajet simple *(single ticket)* coûte 1,60 £ (faire l'appoint car le chauffeur ne rend pas la monnaie). Valable 1 jour, le ***Dayticket*** permet de faire autant de voyages que vous le souhaitez pour 4 £. Pour les séjours plus longs, la ***Ridacard*** est une carte électronique avec photo d'identité permettant de voyager de façon illimitée pendant une à quatre semaines (entre 18 et 54 £ + 3 £ pour l'achat de la carte). Il vous suffit de la déposer sur le lecteur de carte situé près du chauffeur et d'attendre le bip avant de la récupérer. Attention, ces tickets ne sont pas valables dans les bus de la compagnie First Group qui dessert l'East Lothian et dont certaines lignes traversent Édimbourg (www.firstgroup.com). Désignés par un *N* devant le numéro de ligne, les bus de nuit ou *Night buses* circulent de minuit à 4h, toutes les heures en semaine et jusqu'à toutes les 10 min le week-end. Le *night ticket* à 3 £ (gratuit avec la *Ridacard*) permet de voyager toute la nuit de façon illimitée. Sachez que l'on monte dans le bus selon l'ordre d'arrivée. Il serait très mal vu de ne pas respecter la file d'attente aux arrêts de bus ! Pour s'informer, se procurer un plan du réseau et acheter ses billets, on trouve plusieurs agences dans New Town :

**Lothian Buses Travelshops :**
**• 31 Waverley Bridge, à l'angle de Market St. (H6) • Lun.-sam. 9h-19h (18h mar.-mer. et ven., 17h30 sam.), dim. 10h-17h30**
**• 27 Hanover St. (H6)**
**• Lun.-sam. 9h-18h (17h30 sam.)**
**• 9 Clifton Terrace (A5)**
**• Lun.-sam. 9h-18h (17h30 sam.)**
**☎ 0131 555 6363 • www.lothianbuses.com et www.nightbuses.com**

### En taxi

Vous aurez le choix entre le *black cab*, le célèbre taxi noir traditionnel pouvant accueillir jusqu'à cinq personnes, et le *minicab*, une voiture classique. Dans les deux cas, une plaque avec la licence délivrée par le City Council of Edinburgh est en principe visible à l'extérieur et à l'intérieur de la voiture. Vous pouvez en commander un par téléphone, le héler dans la rue (le signal jaune « taxi » sur le toit est allumé quand il est libre) ou faire la queue à l'une des stations de taxis disséminées dans la ville. Le prix de la course varie en fonction de l'heure et de la distance parcourue (prise en charge minimale 2,10 £, supplément de 0,20 £ par personne au-delà de deux passagers).

**Central Taxis :** ☎ 0131 229 2468 • www.taxis-edinburgh.co.uk

**City Cabs :** ☎ 0131 228 1211 • www.citycabs.co.uk

### À vélo

Si le temps est clément et que vous évitez les rues pavées et pentues d'Old Town, la découverte de la capitale à deux-roues peut se révéler agréable. Mais prenez garde à la conduite à gauche et à l'absence de priorité à droite ! Vous pouvez louer un vélo ou réserver un *bike tour* d'Édimbourg ou de ses environs à l'agence suivante :

**Cycle Scotland :** 29 Blackfriars St. (H7) • ☎ 0131 556 5560 • www.cyclescotland.co.uk • **Location d'un vélo de ville à partir de 20 £/j., d'un vélo électrique à partir de 50 £/j.**

## À VOIR, À FAIRE

### OFFICES DE TOURISME

Édimbourg ne dispose que d'un centre d'information touristique, géré par Visit Scotland. Vous y trouverez plans et brochures d'informations sur les différentes attractions, une boutique-librairie et un bureau de change. Les employés pourront vous renseigner sur les transports en commun et les manifestations culturelles, et vous aider à réserver une chambre d'hôtel, à acheter un billet de concert, à louer une voiture ou à programmer une excursion en bus dans les Lowlands ou les Highlands.

### *Edinburgh World Heritage City*

Édimbourg a été classée au Patrimoine mondial de l'Unesco en 1995 et désignée première ville Unesco de la littérature en 2004. Entre Old Town et New Town, le site compte plus de 4 000 monuments historiques ! Outre la visite guidée en bus (voir p. 185), plusieurs circuits thématiques à pied permettent de découvrir à son rythme et en toute indépendance ce patrimoine exceptionnel : l'Athènes du Nord, Auld Reekie (la vie à l'époque georgienne), les cimetières historiques, marcher sur les pas de Stevenson... Livrets en anglais au format PDF et applications téléchargeables sur le site **www.ewht.org.uk**

**Visitscotland Edinburgh Centre :**
3 Princes St., Princes Mall (H6)
• ☎ 0131 473 3868
• www.visitscotland.com
**Edinburgh Airport Information Centre :**
Edinburgh International Airport, East Terminal • ☎ 0131 473 3690.

## S'INFORMER

Dès votre arrivée, procurez-vous *The List*, qui recense de façon exhaustive tous les événements culturels de la ville (voir aussi p. 16-17). Le quotidien national fondé à Édimbourg, *The Scotsman* (www.scotsman.com), couvre les nouvelles internationales et écossaises. L'édition du week-end de *Scotland on Sunday* offre un complément intéressant sur l'actualité culturelle. Autre mine d'informations pour vos sorties, l'*Edinburgh Evening News* se consacre à la ville et ses environs. Si vous recherchez des ouvrages sur l'Écosse, des guides touristiques ou des cartes, faites un tour dans la librairie Waterstone's (128 Princes St., C4 ; ouv. lun.-sam. 9h-20h, sam. 9h-19h, dim. 10h30-18h).

## BILLETTERIE

Pour éviter une longue attente au château d'Édimbourg, **des tickets coupe-file peuvent être achetés en ligne** sur le site www.edinburghcastle.gov.uk. Vous pouvez aussi réserver *on line* pour le Palace of Hoyroodhouse, Scotch Whisky Experience, Camera Obscura, Edinburgh Zoo et Our Dynamic

## Édimbourg gratuit

À Édimbourg, il est possible de se divertir sans débourser un penny ! À commencer par les **grands musées de la capitale** : Scottish National Gallery, National Museum of Scotland, Scottish National Portrait Gallery et les deux musées de la Scottish National Gallery of Modern Art (Modern One et Modern Two). Les **musées municipaux** sont eux aussi gratuits : Museum of Childhood, Museum of Edinburgh, The People's Story Museum, The Writers' Museum. Pensez aux **galeries d'art publiques ou privées** : Royal Scottish Academy, City Art Centre (expos permanentes), Fruitmarket Gallery, Dovecot Gallery, Stills Gallery et les galeries de Dundas St. Visitez **St Giles Cathedral** en profitant des concerts gratuits (voir p. 107) et joignez-vous aux visites guidées gratuites du **Scottish Parliament.** Le **Royal Botanic Garden** (sauf serres), **Calton Hill** et **Holyrood Park** offrent balades bucoliques et vues spectaculaires, à consommer sans modération. Pour vos **sorties,** la plupart des pubs d'Old Town proposent des **concerts gratuits** de folk ou de rock. Et les **clubs** de Cowgate attirent les fêtards avec des boissons à partir de 1 £ !

## Infos très, très pratiques

### Heure locale

L'heure française a 1h d'avance sur l'heure écossaise. Quand il est 12h à Paris, il est 11h à Édimbourg, quelle que soit la saison.

### Voltage

Comme dans le reste du Royaume-Uni, l'électricité est à 240 volts et les prises sont à trois fiches. Pensez à vous procurer un adaptateur pour vos appareils électriques.

### Téléphoner

Pour appeler la France depuis Édimbourg, composez le 0033 suivi du numéro de votre correspondant sans le 0 initial. Pour appeler Édimbourg depuis la France, composez le 0044 + 131 (indicatif de la ville sans le 0) suivi du numéro à 7 chiffres de votre correspondant. Sur place, inutile de composer l'indicatif de la ville. Vous trouverez des cabines publiques à pièces, à cartes prépayées (en vente à la poste et chez les marchands de journaux ou *newsagents*) et à cartes de crédit. À l'hôtel, les appels locaux sont parfois gratuits, mais les appels internationaux fortement surtaxés !

**Numéros utiles :**
**Police : ☎ 0131 311 3131**
**Urgences : ☎ 999**
**Renseignements internationaux : ☎ 153.**

### Internet

En plus des bibliothèques, de nombreux pubs et cafés proposent le Wifi gratuitement. Une borne Internet payante permet de consulter ses e-mails à l'office de tourisme.

### Écrire

Les timbres sont en vente chez les marchands de journaux, dans les supermarchés, à l'office de tourisme et dans les bureaux de poste. Les boîtes aux lettres sont de couleur rouge. Agences en centre-ville :

- **40 Frederick St. (G6) • Lun.-ven. 9h30-17h30, sam. 9h30-12h30**
- **207a Leith Walk (E1-2) • Lun.-ven. 8h-20h, sam. 8h-18h.**

Earth. Le prix du ticket est souvent plus avantageux et vous gagnerez du temps, surtout en haute saison.

## VISITES GUIDÉES

### *Bus tours*

Au départ de Waverley Bridge, cinq bus de la même compagnie proposent des parcours à thème (15 £, *Grand Ticket* à 20 £ pour voyager sur toutes les lignes pendant 24h) : *City Sightseeing Edinburgh* (histoires sordides), *Edinburgh Tour* (historique), *Mac Tours* (dans un bus vintage, avr.-oct.) et le *Majestic Tour* (parcours royal). Le système *hop on-hop off*

## Jours fériés

Nouvel An (1er et 2 janvier), Vendredi saint *(Good Friday)*, Lundi de Pâques *(Easter Monday)*, 1er lundi de mai *(Early May Bank Holiday)*, 3e lundi de mai *(Victoria Day)*, dernier lundi de mai *(Spring Bank Holiday)*, 1er et dernier lundi d'août *(Summer Bank Holidays)*, 3e lundi de septembre *(Autumn Day)*, 30 novembre *(St Andrew's Day)*, 25 décembre *(Christmas Day)* et 26 décembre *(Boxing Day)*.

permet de monter et de descendre quand on veut aux arrêts situés près des principaux monuments. Le ticket offre des réductions sur l'entrée de certaines attractions. Valable 2 jours, le *Royal Edinburgh Ticket* comprend quatre parcours en bus et trois entrées : Edinburgh Castle, Palace of Holyroodhouse et Royal Yacht *Britannia* (51 £). Enfin, le *Forth Bridges Bus & Boat Tour* vous conduit à South Queensferry à la découverte des ponts du Forth, croisière en bateau autour de l'île d'Inchcolm incluse (20 £).
**Informations et résa : ☎ 0131 220 0770 • www.edinburghtour.com**

### *Ghost tours*

Les balades macabres d'Old Town sont les plus populaires. La visite à pied se fait en anglais et peut durer de 45 min à 2h. La plupart de ces promenades thématiques partent du Royal Mile.

**• Black Hart Storytellers**
Le mondialement célèbre *City of the Dead Tour* vous conduit dans le cimetière de Greyfriars ou dans les souterrains de South Bridge.
**☎ 0131 225 9044 • www.blackhart.uk.com • Départ St Giles Cathedral (H7) • Entre 10 et 13 £.**

**• Auld Reekie**
Trois visites possibles : *Underground Tour* (souterrains), *Ghost and Torture Tour* et *Terror Tour* (réservé aux plus de 18 ans).
**☎ 0131 557 4700 • www.auldreekietours.com • Départ Tron Kirk (I7) • Entre 10 et 14 £.**

**• Mercat Tours**
Des visites historiques ou macabres dont le populaire *Ghost & Gouls Tour* dans les souterrains hantés de Blair St.
**28 Blair St. (I7) • ☎ 0131 225 5445 • www.mercattours.com • Départ Mercat Cross (St Giles Cathedral, H7) • Entre 8 et 15 £.**

**• The Cadies & Witchery Tours**
Au choix, *The Murder & Mystery Tour* ou *The Gosts & Gore Tour*.
**84 West Bow (Victoria St., H7) • ☎ 0131 225 6745 • www.witcherytours.com • Départ du restaurant The Witchery • 10 £.**

### *Literary tours*

**• Edinburgh Book Lovers' Tour**
La meilleure visite guidée littéraire, de Robert Burns à J. K. Rowling, par Allan Foster.
**www.edinburghbooktour.com • Départ devant the Writers' Museum (H7)**

• Oct.-mars : dim. à 11h30 et 13h30 ; avr.-sept. : mer.-dim. à 11h30 et 13h30 • 12 £.

**• Rebus Tours**

Édimbourg sur les pas de l'inspecteur Rebus et de son créateur Ian Rankin.
☎ 0131 553 7473 • www.rebustours.com • Départ The Royal Oak (Infirmary St., I7) • 10 £.

**• The Edinburgh Literary Pub Tour**

Deux heures de tournée des pubs sur les traces des poètes et écrivains d'Édimbourg.
☎ 0800 169 7410 • www.edinburghliterarypubtour.co.uk • Départ au Beehive Inn (12-18 Grassmarket, G7) • 14 £.

## EXCURSIONS

Le gigantesque pont victorien Forth Rail Bridge, la mystérieuse Rosslyn Chapel, les vestiges romantiques de Craigmillar Castle ou le parc des Pentland Hills sont à moins de 10 km de la capitale. Pour vos escapades dans les environs d'Édimbourg, renseignez-vous auprès de l'office de tourisme. Certains sites sont accessibles par les transports en commun (le château de Tantallon, le parc régional des Pentland Hills...) ou en excursions organisées (voir plan des transports au verso du plan détachable).

## ET LE BUDGET ?

Édimbourg est une **ville plutôt chère.** À moins de venir en hiver, il est difficile de se loger à moins de 100 € la nuit. Même s'ils restent assez chers, les *B & B* sont plus économiques que les hôtels. Il est plus facile de **manger à bon prix** : pubs, cafés, *deli, chippies* sont des alternatives aux restaurants classiques où l'on devra débourser en moyenne 25 € pour un repas. L'entrée de certaines attractions (Edinburgh Castle, Edinburgh Zoo...) peut être élevée (autour de 15-20 €), mais vous pourrez profiter de la **gratuité de nombreux musées** (voir encadré p. 184). Concernant le whisky, taxé à plus de 65 %, il est plus économique de l'acheter en France.

### Comment payer ?

La monnaie utilisée en Écosse est la livre sterling ou *pound* (£), qui se décompose en 100 pence (penny au singulier). Il existe des billets de 5, 10, 20 et 50 £ et des pièces de 1, 2, 5, 10, 20 et 50 pence et de 1 et 2 £. Les banques écossaises ont la liberté d'émettre leurs propres billets de banque. Ceux-ci diffèrent des billets de banque anglais mais ont la même valeur. Toutefois, **la livre écossaise n'est pas acceptée dans le reste du Royaume-Uni.** Il est plus avantageux de retirer de l'argent aux distributeurs automatiques que de changer de l'argent dans un bureau de change ou à la banque. Malgré la commission prélevée par votre banque, les règlements par carte de paiement (Visa, MasterCard, Eurocard...) sont aussi plus favorables. Les banques sont généralement ouvertes du lundi au vendredi de 9h30 à 16h et parfois le samedi matin.

# Nos hôtels
# PAR QUARTIER

## Le Royal Mile, de Castlehill à Lawnmarket (Quartier 2 - p. 28)

### G&V ROYAL MILE HOTEL*****

Hôtel *fashion* aux couleurs de la célèbre maison de couture italienne, donnant sur le Royal Mile. Accueil attentionné, bar, restaurant et Spa.
**1 George IV Bridge (H7) • ☎ 0131 220 6666 • www.quoruscollection.com • 180-250 £ (350 £ en août) petit déj. pas toujours inclus.**

## Autour de Grassmarket (Quartier 6 - p. 48)

### THE GRASSMARKET HOTEL

Un hôtel jeune, frais, bien situé, aux chambres un peu exiguës mais originales. Réduction de 15 % sur les séjours de plus de 3 nuits.
**94 Grassmarket (H7) • ☎ 0131 220 2299 • www.grassmarkethotel.co.uk • 95-125 £.**

## Le long de Princes Street (Quartier 8 - p. 56)

### OLD WAVERLEY HOTEL***

L'un des plus vieux hôtels d'Édimbourg empile des chambres au goût rustique face aux jardins de Princes St. On ne fait pas plus central !
**43 Princes St. (H6) • ☎ 0131 556 4648 • www.oldwaverley.co.uk • 110-170 £ (220-280 £ en août).**

### MOTEL ONE EDINBURGH-ROYAL

208 chambres design et fonctionnelles à deux pas de la

Ramsay's B & B

gare de Waverley et de l'arrêt du bus de l'aéroport. Très bon rapport qualité-prix.

**18-21 Market St. (H7) • ☎ 0131 220 0730 • www.motel-one.com • 59 £ (janv.) (99 £ en août).**

## New Town (Quartier 9 - p. 60)

### EDINBURGH TOWNHOUSE GUESTHOUSE***

Aux étages supérieurs d'une *townhouse* (pas d'ascenseur), ces 9 chambres de poche avec douche et TV offrent un bon rapport qualité-prix pour le quartier.

**38 Castle St. North (G6) • ☎ 0131 225 1975 • www.edinburgh-townhouse.co.uk • 60-130 £ (résa 3 nuits min. en août).**

### LE MONDE****

Des suites pour s'évader à New York, Tokyo, Sidney ou Pékin dans une version contemporaine et chic. *So hype !*

**16 George St. (H6) • ☎ 0131 270 3900 • www.lemondehotel.co.uk • Superior Room 135-235 £ (315 £ en août).**

### TIGERLILY****

Boutique-hôtel branché au cœur de New Town, abritant 33 chambres, toutes différentes, un restaurant et un bar très courus.

**125 George St. (C3) • ☎ 0131 225 5005 • www.tigerlilyedinburgh.co.uk • À partir de 225 £.**

### CASTLEVIEW GUEST HOUSE***

Cette grande *guesthouse* aux airs de petit hôtel mixe chambres modernes (1er et 2e étages) et rustiques (3e et 4e étages). Pas d'ascenseur.

**30 Castle St. (G6) • ☎ 0131 226 5784 • www.castleviewgh.co.uk • 59-189 £ (209 £ + résa 3 nuits min. en août).**

### N° 53 FREDERICK STREET

Emplacement central pour ce *B & B* traditionnel et spacieux dans une *townhouse* de 1820. Petit déjeuner servi dans le restaurant voisin.

**53 Frederick St. (G6) • ☎ 0131 226 2752 • www.53frederickstreet.com • 70-115 £ (à partir de 140 £ en août).**

## Calton Hill et Broughton (Quartier 10 - p. 68)

### RAMSAY'S B & B

Un petit *B & B* de 4 chambres à la déco fraîche et gaie, situé à deux pas de l'animation de Broughton St. et Picardy Pl.

**25 East London St. (D2) • ☎ 0131 557 591 ou 0776 173 7356**

• www.ramsaysbedandbreakfast edinburgh.com • 78-100 £.

## THE TERRACE HOTEL

Petit hôtel familial de 14 chambres à l'élégance classique dans une sublime demeure georgienne dessinée par le célèbre architecte William Playfair.

**37 Royal Terrace (F3) • ☎ 0131 556 3423 • www.terrace hotel.co.uk • 50-90 £ (110-120 £ en août).**

## PARLIAMENT HOUSE HOTEL***

Blotti dans une ruelle calme au pied de Calton Hill, un hôtel confortable et sans surprise de 53 chambres avec restaurant.

**15 Calton Hill (E3) • ☎ 0131 478 4000 • www.parliamenthouse-hotel.co.uk • 60-180 £ (220 £ en août), petit déj. 8,50 £.**

## THE HEDGES****

Heather, la maîtresse de maison, sera aux petits soins dans ce charmant *B & B* face aux jardins de Royal Terrace.

**19 Hillside Crescent (E2) • ☎ 0131 624 6677 • www.thehedges guesthouse.com • 80-130 £.**

## TWO HILLSIDE CRESCENT

Le superbe *B & B* d'Elaine privilégie les tons clairs et les lignes pures. Chambres spacieuses, lits douillets, petit déjeuner bio inclus et Wifi gratuit. Notre coup de cœur !

**2 Hillside Crescent (D2) • ☎ 0131 556 4871 • www.twohillside crescent.com • 95-145 £ (165 £ en août).**

## THE PLACE****

À l'est de New Town et proche de Calton Hill, boutique-hôtel proposant 48 chambres modernes et sobres.

**34-38 York Pl. (D3) • ☎ 0131 556 7575 • www.yorkplace-edinburgh.co.uk • 229-349 £.**

## SIX BRUNTON PLACE GUEST HOUSE*****

Élégante *townhouse* transformée en *B & B* de luxe disposant

11 Moray Place

Malmaison (p. 192)

de 4 chambres avec salle de bains privée, Wifi, TV, DVD et station iPod.

6 Brunton Pl. (F2) • ☎ 0131 622 0042 • www.sixbruntonplace.com • 109-179 £ (159-199 £ en août).

## Dean Village et le West End (Quartier 11 - p. XX)

### 11 MORAY PLACE

Cheminées, hauts plafonds, corniches, coupole... ce *B & B* offre l'occasion unique de passer la nuit dans un grand hôtel particulier classé de l'époque georgienne.

11 Moray Pl. (C3) • ☎ 0131 226 4997 • www.morayplace.com • 90-120 £ (160 £ en août).

### THE VICTORIAN TOWN HOUSE****

Trois chambres à la touche coloniale ou écossaise dans une demeure de caractère donnant sur une jolie place en forme de croissant.

14 Eglinton Crescent (A4) • ☎ 0131 337 7088 • www.thevictoriantownhouse.co.uk • 80-200 £.

## Stockbridge (Quartier 12 - p. XX)

### THE HOWARD*****

Presque secret, ce petit hôtel très vieille Angleterre diffuse une ambiance raffinée et feutrée dans une *townhouse* georgienne au nord de New Town.
**34 Great King St. (C2) • ☎ 0131 557 3500 • www.thehoward.com • 159-349 £.**

## Leith (Quartier 13 - p. XX)

Wallace's Arthouse Scotland

### MALMAISON****

Sur les docks, ancienne maison de marins métamorphosée en boutique-hôtel avec bar, brasserie, salle de fitness et parking gratuit.
**1 Tower Pl. (plan p. 82) • ☎ 0131 285 1478 • www.malmaison.com • 45-175 £, 225 £ en août, petit déj. non inclus.**

### WALLACE'S ARTHOUSE SCOTLAND

À deux pas des restos du port, le *B & B* original et contemporain d'un amateur d'art logé dans les anciennes Assembly Rooms de Leith.
**41/4 Constitution St. (plan p. 82) • ☎ 0794 134 3714 • www.wallacesarthouse scotland.com • 120 £ (min. 2 nuits).**

## Hors visite

### BEN CRUACHAN GUEST HOUSE****

Des chambres plutôt petites mais joliment décorées et impeccables. Privilégiez celles qui donnent sur le jardin.
**17 McDonald Rd (E2) • ☎ 0131 556 0687 • www.bencruachan.com • 90-130 £.**

### CLAYMORE VEGETARIAN GUEST HOUSE***

Chambres coquettes, accueil chaleureux et petit déjeuner

végétarien : bienvenue dans le plus baba cool des *B & B* de Pilrig St.

**68 Pilrig St. (E1) • ☎ 0131 554 2500 • www.claymorevegetarianguesthouse.com • 80-90 £ (100 £ en août).**

## THE AYDEN GUEST HOUSE****

Charme et confort dans ce *B & B* doté de 5 chambres contemporaines, spacieuses et parfaitement bien équipées.

**70 Pilrig St. (E1) • ☎ 0131 554 2187 • www.ayden-edinburgh.com • 55-120 £.**

## ARDMOR HOUSE****

Décoré avec soin, le cocon chic et douillet de Robin et Barry ne séduit pas que la clientèle gay. Un *B & B friendly* à tous points de vue !

Ardmor House

**74 Pilrig St. (E1) • ☎ 0131 554 4944 • www.ardmorhouse.com • 85-170 £.**

# Lexique

## EXPRESSIONS USUELLES

Matin : morning
Après-midi : *afternoon*
Soir : *evening*
Bonjour (le matin) : *good morning*
Bonjour (l'après-midi) : *good afternoon*
Au revoir : *goodbye*
Bonsoir : *good evening*
S'il vous plaît : *please*
Merci : *thank you*
Il n'y a pas de quoi : *you're welcome*
Comment allez-vous ? : *how are you doing ?*
Comprenez-vous ? : *do you understand ?*
Excusez-moi : *excuse me*
Je ne comprends pas : *I don't understand*
Manger : *to eat*
Boire : *to drink*
Je veux : *I want*
Je voudrais : *I would like*
Combien cela vaut-il ? : *how much is it ?*
C'est trop cher : *it is too expensive*

## ESPACE ET TEMPS

À demain : *see you tomorrow*
Après : *after*
Aujourd'hui : *today*
Avant : *before*
Demain : *tomorrow*
Encore : *again*
Heure : *hour*
Hier : *yesterday*
Horaire : *schedule*
Horloge : *clock*
Là-haut : *up there*
Maintenant : *now*
Minute : *minute*
Où : *where*
Pendant : *during*
Près : *near*
Quand : *when*
Tard : *late*
Tôt : *early*
Quelle heure est-il ? : *what time is it ?*
Il est midi : *it's noon*
Il est minuit : *it's midnight*

## FAIRE DU SHOPPING

Antiquité : *antique*
Argent : *money*
Au détail : *retail*
Bottes : *boots*
Boutique : *shop*
Casquette : *cap*
Ceinture : *belt*
Chapeau : *hat*
Chaussettes : *stockings*
Chaussures : *shoes*
Chemise : *shirt*
Coton : *cotton*
Cravate : *tie*
Cuir : *leather*
Dentelle : *lace*
Drap : *sheet*
Écharpe : *scarf*
Étiquette : *tag*
Grand magasin : *department store*
Imperméable (manteau) : *raincoat*
Jouet : *toy*
Jupe : *skirt*
Lacet : *lace*
Laine : *wool*
Lin : *linen*
Livre : *book*
Lunettes : *glasses*
Lunettes de soleil : *sunglasses*
Marché : *market*
Mode : *fashion*
Nappe : *tablecloth*
On ne rend pas la monnaie : *exact change*
Or : *gold*
Pantalon : *pants*
Pardessus : *coat*
Pointure : *size*
Prix : *price*
Pull-over : *jumper*
Rayure : *stripe*
Robe : *dress*
Sac : *bag*
Sac à main : *hand bag*
Serviettes : *napkins*
Soie : *silk*
Soldes : *sales*
Sous-vêtements : *underwear*
Soutien-gorge : *bra*
Supermarché : *supermarket*
Taie d'oreiller : *pillow case*
Talons hauts : *high heels*
Veste : *jacket*

## LES NOMBRES

Nombre : *number*
Un, une : *one*
Deux : *two*
Trois : *three*
Quatre : *four*
Cinq : *five*
Six : *six*
Sept : *seven*
Huit : *eight*
Neuf : *nine*
Dix : *ten*
Onze : *eleven*
Douze : *twelve*
Treize : *thirteen*
Quatorze : *fourteen*
Quinze : *fifteen*
Seize : *sixteen*
Dix-sept : *seventeen*
Dix-huit : *eighteen*

Dix-neuf : *nineteen*
Vingt : *twenty*
Vingt et un : *twenty-one*
Trente : *thirty*
Quarante : *forty*
Cinquante : *fifty*
Soixante : *sixty*
Soixante-dix : *seventy*
Quatre-vingts : *eighty*
Quatre-vingt-dix : *ninety*
Cent : *one hundred*
Mille : *one thousand*

## À LA DOUANE

Carte d'identité : *identity card*
Devises étrangères : *foreign currency*
Douanier : *customs agent*
Objets personnels : *personal effects*
Passeport : *passport*
Rien à déclarer ? : *nothing to declare ?*

## À L'HÔTEL

Réservation : *booking*
Avez-vous des chambres ? : *do you have any accommodation available ?*
Une chambre simple : *single-bedded room*
Une chambre double : *double-bedded room*
Salle de bains particulière : *private bathroom*
Quel est le prix ? : *what is the price ?*
À quelle heure doit-on libérer la chambre ? : *what is check out time ?*

## AU RESTAURANT

Addition : *bill*
Assiette : *plate*
Bière : *beer*
Bœuf : *beef*
Boisson (sans alcool) : *soft drink*
Boisson alcoolisée : *drink*
Bouteille : *bottle*
Couteau : *knife*
Cuiller : *spoon*
Déjeuner : *lunch*
Dessert : *sweet course*
Dîner : *dinner*
Eau : *water*
Eau gazeuse : *sparkling water*
Eau minérale : *spring water*
Fourchette : *fork*
Fromage : *cheese*
Garçon : *waiter*
Menu : *menu*
Pain : *bread*
Petit déjeuner : *breakfast*
Pour emporter : *take out*
Pourboire : *tip*
Repas : *meal*
Salade : *salad*
Serveuse : *waitress*
Service compris : *service included*
Viande : *meat*
Vin : *wine*

## EN VILLE

À droite : *on the right*
À gauche : *on the left*
Rue : *street*
Taxi : *cab*

**TERMES GAÉLIQUES ET *SCOTS***

- *Auld* : vieux
- *Auld Reekie* : Edinburgh
- *Aye* : oui
- *Close* : allée d'accès à un immeuble
- *Dubh* : noir
- *Firth* : estuaire
- *Gate* : rue
- *Hogmanay* : Saint-Sylvestre
- *Kirk* : église presbytérienne
- *Land* : maison haute composée de plusieurs appartements
- *Loch* : lac
- *Uisge beatha* : whisky
- *Wynd* : ruelle

# Mots clés

## K



## L



## M



## N



## O



## P



## Q



## R



## S

## CRÉDIT PHOTOGRAPHIQUE

### Intérieur

Toutes les photographies de cet ouvrage ont été réalisées par **Yoann Stoeckel,** à l'exception de celles des pages suivantes :

**Patrice Hauser** p. 2, p. 5 ht, p. 7, p. 9 c., p. 10 c., b., p. 11 ht, p. 12, p. 13, p. 21, p. 25, p. 30, p. 33 ht, p. 39 b., p. 46, p. 47 ht, p. 53, p. 61, p. 63, p. 65, p. 71, p. 81, p. 86, p. 96, p. 99, p. 105, p. 124, p. 127, p. 133, p. 141 b., p. 144, p. 145, p. 154, p. 161, p. 164, p. 166, p. 169, p. 170, p. 175, p. 188, p. 190, p. 192.

**Jean-Christophe Godet** p. 6 c., p. 14, p. 15 ht, p. 29 ht, p. 33 b., p. 37 ht, p. 45, p. 47 b., p. 62 ht, p. 64, p. 69 b., p. 75, p. 76, p. 77, p. 83, p. 84, p. 85, p. 89, p. 94, p. 110, p. 117, p. 137, p. 139, p. 191, p. 193.

© **Gimas / Shutterstock.com** p. 4 b.
© **Jean-Christophe Godet / Scottish National Portrait Gallery** p. 6 ht, p. 66.
© **The Real Mary King's Close** p. 9 ht.
© **Jean-Christophe Godet / The National Museum of Scotland** p. 15 b.
© **Jean-Christophe Godet / The Museum of Edinburgh, City of Edinburgh Museums & Galleries** p. 37 b.
© **Peter Smith / Royal Collection Trust : © 2012, Her Majesty Queen Elizabeth II** p. 44.
© **Jean-Christophe Godet / Royal College of Surgeons of Edinburgh** p. 55.
© **Jean-Christophe Godet / The Georgian House** p. 62 b.

### Couverture

**Plat 1,** visuel principal : © Bertrand Rieger / hemis.fr ; b. g. et d. : © Yoann Stoeckel.
**Plat 4,** ht. : © Robert Harding / hemis.fr ; b. : © Yoann Stoeckel.

Dernière édition revue et enrichie par Jean-Philippe Follet.
Édition originale et mises à jour antérieures établies par Natasha Penot.

**Ont également collaboré à cet ouvrage :** Coraline Borchiellini, Carlos Estrella, Magali Vidal-Revel.
**Cartographie :** Frédéric Clémençon et Aurélie Huot.
**Conception graphique de la couverture et de la maquette intérieure :** Caroline Joubert (www.atelier-du-livre.fr).
**Mise en pages intérieure :** Chrystel Arnould.
**Contact presse :** rmazef@hachette-livre.fr - ☎ 01 43 92 36 66.
**Contact publicité :** vhabert@hachette-livre.fr - ☎ 01 43 92 32 52.
**Écrivez-nous :** weekend@hachette-livre.fr

Aussi soigneusement qu'il ait été établi, ce guide n'est pas à l'abri des changements de dernière heure, des erreurs ou omissions. Ne manquez pas de nous faire part de vos remarques. Informez-nous aussi de vos découvertes personnelles, nous accordons la plus grande importance au courrier de nos lecteurs :
Guides Un grand week-end - Hachette Tourisme 58, rue Jean-Bleuzen, 92170 Vanves.
Facebook @GuidesUnGrandWeekend • Twitter & Instagram @ungrandweekend



Édité par Hachette Livre (58, rue Jean-Bleuzen, CS 70007, 92178 Vanves Cedex)
Imprimé par Polygraf (Capajevova 44, 08199 Presov, Slovaquie)
Achevé d'imprimer : mai 2017
ISBN : 978-2-01-396110-3 - 22-2231-1
Dépôt légal : mai 2017 - Collection n°44 - Édition : 01